Liebe Susanne,

Hohe Ziele wollen rechtzeitig vorbereitet werden!

Alles Liebe und Gute

Lore

Jänner 2002

BEGEGNUNG MIT DEM HORIZONT

TIBET

Eine – für uns – geheimnisvolle «Heiterkeit der Seele» spiegelt sich im Gesichtsausdruck, in der Erscheinung, im ganzen Gehaben und Auftreten, die all jenen aufgefallen ist, welche die Gelegenheit hatten, mit Tibetern zusammenzusein. Wissenschaftler sprechen davon genauso wie Reisende, die sich keineswegs mit hoher Philosophie und Religionsgeschichte befaßt haben. Allen fiel und fällt eine herzinnige Fröhlichkeit und innere Ausgeglichenheit dieses Volkes auf … «Mögen alle Wesen glücklich sein» ist der tägliche Wunsch und Gruß der Buddhisten.

Blanche Christine Olschak, Die Heiterkeit der Seele, 1988

Blick auf die Klosterstadt Lhamo Tse in Amdo (Nordosttibet).

Unzählige Gläubige umringen das Riesenthangka, ein religiöses Rollbild, das an Festtagen im nordosttibetischen Kumbum-Kloster enthüllt wird.

Pilgerlager am heiligen Berg Kailash. Im Hintergrund erhebt sich das über 7000 Meter hohe Massiv der Gurla Mandata.

BEGEGNUNG MIT DEM HORIZONT

TIBET

Fotos und Text Andreas Gruschke

Bucher

INHALT

Heilige Berge und endlose Hochebenen, lamaistische Klöster und entlegene Dörfer, religiöse Maskentänze und ausgelassene Nomadenfeste – Faszination Tibet.

REISEN IN TIBET 62

Andreas Gruschke

Seite 1: Mönch im Kloster Litang, Osttibet. – Links: Im Dorf Chubzang. Mitte: Nomade bei Markham in Kham. – Rechts: Bildnis Tsongkhapas an einem Felsen bei Ganden.

Buddhistische Mönche in der dem Reformator Tsongkhapa geweihten Gebetshalle von Ganden.

Bis zum Horizont erstrecken sich die grandiosen tibetischen Gebirgslandschaften auf der Fahrt von Shigatse nach Nepal.

TIBET — GÖTTER, BERGE, HEILIGE SEEN

Pilger am Kailash. Nach buddhistischem Glauben soll ein Parikrama, eine rituelle Umwandlung des heiligen Berges, von allen Sünden befreien, 108 Umrundungen (je 55 Kilometer!) verheißen die Erlösung, das Nirwana, noch in diesem Leben.

Über seine schwierige Expedition nach Lhasa im Jahr 1938 schrieb Ernst Schäfer: «‹*Lha Gyal Lo, Lha Gyal Lo!* – die Götter haben gesiegt›, rufen die Tibeter, wenn sie einen hohen Gebirgspaß überschreiten, und sie verneigen sich vor der Allmacht der Berge. Der weiße Mann aber meint immer siegen zu müssen. Er sieht nicht den heiligen Schöpferwillen, der in dieser weltentrückten Wildnis herrscht.»

Mit Tibet ist das Flair sakraler Orte, insbesondere heiliger Berge und der «Stadt der Götter», Lhasa, so untrennbar verbunden, daß oft das gesamte Land und seine Menschen mit einer «Aura der Göttlichkeit» umgeben werden. Dabei ist man sich häufig weder völlig darüber im klaren, daß dieser sakrale Charakter keineswegs allein auf der Verbreitung der buddhistischen Religion beruht, noch über welchen Raum sich das «buddhistische heilige Land» wirklich ausdehnt. Zwar wird das tibetische Hochland von den Gebirgsketten Himalaya, Karakorum und Kunlun umrahmt und geographisch damit fest umrissen; ebenso deutet die Verbreitung lamaistischer Klöster über die Grenzen des Hochlandes hinweg an, welchen Einfluß die tibetische Religiosität selbst auf weiter entfernte Nachbargebiete ausübt – doch hilfreich für das Abstecken des Lebensraumes der Tibeter, geschweige denn einer geschlossenen tibetischen Nation, sind diese Kriterien nicht.

Tibeter verteilen sich über siebzig bis achtzig Prozent des Hochplateaus, und darüber hinaus sind sie in den angrenzenden Gebirgsregionen des Himalaya, der osttibetisch-chinesischen Randketten und des zur Seidenstraße blickenden Gebirgszuges Nan Shan zu finden. Neben ihrer Anhängerschaft zum tibetischen Buddhismus (im Westen oft Lamaismus genannt) – oder zur dieser Form des Buddhismus inzwischen nahestehenden Bön-Religion – zeichnet sie die unüberschaubar große Zahl der als heilig geltenden Berge und Seen aus. Die riesenhaften «Zuckerhüte», firnglitzernde, wahrlich majestätische Bergmassive, sind es, die die mystische Faszination des Schneelandes auf dem Dach der Welt vielfach begründen.

VON GEISTERN UND DÄMONEN

Die Natur auf dem Dach der Welt ist zwar grandios, aber auch unberechenbar. Im Angesicht der unglaublichen Weiten Tibets mit seinen Grassteppen und Sümpfen, hoch aufragenden Gebirgszügen und tiefblauen Seen reduziert sich die Größe des Menschen auf nahezu nichts. Aufgrund der trockenen, klaren Luft kann die Sicht 200 Kilometer und mehr betragen und dem Auge eine Fülle von Eindrücken ermöglichen, die nahe scheinen und aufgrund der Entfernung doch jenseits des Faßbaren bleiben. Kein Wunder, daß sich die Menschen, die dort oben leben, eigentümliche Erklärungsmodelle zurechtgelegt haben. Wer einmal

Aufstieg zum Weißen Palast des Potala, dem ehemaligen Wintersitz des Dalai Lama in Lhasa. Der Potala wurde im 17. Jahrhundert unter dem 5. Dalai Lama errichtet; sein Name stammt von einem Berg in Südindien, der als Wohnsitz Avalokiteshvaras, des Schutzheiligen Tibets, gilt.

Das Wahrzeichen Tibets: Der Potala scheint mit seinen weißen Stützmauern aus dem Marpori, dem Roten Berg, geradezu herauszuwachsen. Wie alle Sakralbauten im Himalaya ist der 117 Meter hohe Palast aus Holz, Stein und Erde, ohne einen einzigen Nagel erbaut.

auf den hohen, über 5000 Meter reichenden Pässen aus dem Touristenbus gestiegen ist und nach wenigen Schritten schon die Wirkung der dünnen Luft verspürt, wer wahrnimmt, wie sein Herz schneller schlägt, er schneller atmet und dabei von einem seltsamen, wenn auch euphorischen Schwindelgefühl gepackt wird, wer inmitten der grenzenlosen Weite die Hitze der Sonne im Genick spürt, während ihm ein eisiger Wind von vorn ins Gesicht bläst, der ist sehr viel schneller geneigt, diese uns so fremde Welt mit Geistern und Dämonen erfüllt anzusehen.

Nicht von ungefähr gliederte sich die Welt des tibetischen Altertums, der vorschriftlichen Periode, in drei Bereiche: den Himmel, den oberflächennahen Luftraum und die Unterwelt im Erdboden. Grundverschieden wie diese drei Sphären sind auch die unzähligen gutmütigen Geister und dämonischen Wesen, die sie nach tibetischem Glauben bis in die heutige Zeit bevölkern. Am Grund von Flüssen, Seen, Quellen und im feuchten Untergrund hausen die Lü, drachenähnliche Wassergeister in Schlangengestalt. Die «Erdherren», Sadag, und die vampirartigen Sri bewohnen den eigentlichen Erdboden, während der Luftraum von den Tsen durchstreift wird. Als wilde und gepanzerte Jäger preschen die roten Dämonen im Galopp über die Berge. In Bäumen, in Gräben und im Felsgestein der Berge hausen die leicht reizbaren Nyen. Werden sie von den Menschen vernachlässigt oder respektlos behandelt, dann bringen sie Krankheit und Tod über sie. Bei der Vielzahl der Wesenheiten – Lü, Nyen, Sadag, Zelt-, Haus- und Herdgeister, Mu-Himmelsgeister sowie andere gute *(Lha)* und böse Geister *(Dre)* – verwundert es, daß

Der Jobo-Buddha im Jokhang-Tempel von Lhasa. Die lebensgroße Statue, die unter dem kostbaren Brokat und dem Schmuck aus Gold, Silber, Türkisen und Korallen fast verschwindet, ist die heiligste Figur in ganz Tibet.

Ein Besuch von Ganden vermittelt eine Vorstellung vom Ausmaß der Zerstörungen während der chinesischen Kulturrevolution (1966–1978): Innerhalb von kurzer Zeit wurde die in 500 Jahren erbaute Klosterstadt bis auf die Grundmauern zerstört. Inzwischen wurden einige Gebäude restauriert, und es kehrt langsam wieder Leben ein in Ganden.

überhaupt noch Platz für Menschen ist in Tibet. Zumal bislang eine wichtige Klasse, nämlich die der Berggottheiten, unerwähnt blieb. Unter ihnen sind die berühmtesten, deren Namen bis Europa vordrangen: Amnye Machen in Amdo, Minya Konka in Kham, Chomo Lhari im Himalaya und der Kailash in Westtibet. Die Verehrung, die ihnen zuteil wird, liegt in ihrer Bedeutung als lokale Ahnengötter begründet.

Thanglha, der Gott der mächtigsten zentraltibetischen Bergkette, gilt als Herr über die Nyen und wird daher als «Thanglha, der große Nyen» (Nyenchen Thanglha) angerufen. Sein Ansehen ist mit der Eingliederung als Schutzgottheit ins lamaistische Pantheon noch gestiegen. So verbindet sich in Tibet mit der Furcht vor den Gefahren der Bergwelt stets auch die Ehrfurcht vor ihren Gipfeln, denen als Gottheiten gehuldigt wird und die als sakrale Kräfte nun einmal nicht zu ignorieren sind. Ganz gemäß der tibetischen Weisheit, daß der Mahnung von Mutter und Tante, nicht in die Berge zu gehen, der weltoffene Mensch nicht folgen kann – denn wie sonst könnte man erfahren, wie es in der Welt aussieht?

Die Berge sind nicht nur Mittler zur Außenwelt, sondern auch zwischen den verschiedenen Welten. Als Verbindung zwischen den schon angesprochenen Sphären dienen die heiligen Berge gleich Himmelspfeilern. Als Weltenachsen haben sie Eingang in das philosophische Lehrgebäude des Buddhismus gefunden, insbesondere das irdische Abbild des mythischen Weltenberges Meru: der Kailash, den die Tibeter wegen seines ebenmäßigen, mit ewigem Schnee bedeckten Antlitzes Kang Rimpoche, das «Schneejuwel», nennen. Von allen heiligen Bergen ist er der berühmteste, die Weltenachse schlechthin. Der Kailash gehört zu den schönsten und beeindruckendsten Gipfeln dieses Erdenrunds und ist als immanentes Abbild des Berges Meru nicht nur der heiligste Berg der Bönpos, den Anhängern der vorbuddhistischen Religion Tibets, sondern auch der tibetischen Buddhisten, der Hindus und der Jainas. Als Achse, die die verschiedenen Sphären miteinander verbindet, schlägt er zudem eine Brücke zwischen den diversen Weltanschauungen der Region.

KÖNIGE, DIE VOM HIMMEL STIEGEN

Im tibetischen Altertum galt der Himmel als unpersönliche, naturhafte Wirklichkeit, in der er überall präsent war, und als personifizierte Himmelsgottheit, wenn nicht gar als Schöpfergott und Himmelsvater. Seine

Fortsetzung Seite 23

Geschäftiges Treiben auf dem Vorplatz des Jokhang in Lhasa, dem bedeutendsten Tempel Tibets.

DIE TIBETISCHE GÖTTERWELT

Die Zahl der in tibetischen Tempeln abgebildeten Götter ist ungeheuer. Was selbst für junge tibetische Mönche manchmal eine schwierige Aufgabe ist, scheint dem westlichen Besucher zunächst unmöglich – die Unterscheidung der einzelnen Götter. Im folgenden sind deshalb einige der wichtigsten Gottheiten und ihre Darstellung kurz erläutert.

Das unendlich scheinende Pantheon spiegelt die alte Götterwelt ebenso wider wie die Glaubensvorstellungen der verschiedenen Regionen Tibets, die in den aus Indien kommenden Mahayana-Buddhismus aufgenommen und verändert wurden. Das wesentliche Ziel der Buddhisten, aus dem leidvollen Kreislauf der Wiedergeburten befreit zu werden und in den Nirwana genannten Erlösungszustand einzugehen, konnte in der

ursprünglichen Form des Buddhismus nur von wenigen erreicht werden – nämlich jenen, die streng nach den Regeln der kanonischen Texte lebten. Daher wurde diese «Lehre der Alten» später abschätzend «Kleines Fahrzeug» (Hinayana) genannt. Im Gegensatz dazu eröffnete das «Große Fahrzeug» (Mahayana) mit Hilfe der Bodhisattvas als eine Art «Erlösungshelfer» allen Menschen den Weg zum Heil.

Zentrale Figur in kultischen Darstellungen ist Buddha Sakyamuni, der als historischer Buddha Siddharta Gautama etwa 500 v. Chr. in Indien wirkte und den Buddhismus begründete. Die häufigste Darstellung zeigt ihn in Meditationshaltung im Lotussitz mit der für die Mönche typischen Bettelschale in Händen. In den meisten Klöstern findet sich darüber hinaus eine große Zahl von Wandmalereien, die sein Leben zeigen. Weitere Buddhadarstellungen in vielfältiger Form deuten an, daß es zu verschiedenen Zeitaltern andere historische, also wirklich existiert habende Buddhas gegeben hat, während die sogenannten «transzendenten Buddhas» als Verkörperungen verschiedener Aspekte des Buddha-Prinzips aufzufassen sind. Die wichtigsten – Amitabha, Akshobhya, Vairochana, Ratnasambhava und Amoghasiddhi – werden häufig in Fünfergruppen dargestellt und verschiedenen Weltgegenden (den vier Himmelsrichtungen und der Mitte) zugeordnet.

Neben Sakyamuni werden vor allem zwei weitere historische Persönlichkeiten mit dem Rang eines Buddhas, eines «Erleuchteten», verehrt: der indische Guru Padmasambhava, der im 8. Jahrhundert dem Buddhismus in Tibet zum Durchbruch verhalf, und der Reformator Tsongkhapa, der im 15. Jahrhundert die Gelugpa-Schule begründet hat.

Ein Bodhisattva ist ein auf dem Erleuchtungsweg Fortgeschrittener, der jedoch zum Heil aller Unerlösten auf den Eintritt ins Nirwana verzichtet. Der in Tibet bedeutendste unter ihnen ist Avalokiteshvara (tibetisch Chenresi), dessen verstärktes Bemühen um die Erlösung

Oben: Avalokiteshvara (tibetisch Chenresi) gilt als Verkörperung des Mitleids und ist der am meisten verehrte Bodhisattva (Erlösungshelfer) in Tibet (Malerei in der Maitreya-Halle von Te Hor, Kandse).

Links: Maitreya ist der Buddha des kommenden Zeitalters. Sein Gesichtsausdruck ist stets gütig, nie furchterregend (Statue im Jokhang von Lhasa).

Unten: Virudhaka, einer der vier Lokapalas, die als Hüter der Himmelsrichtungen am mythischen Berg Meru wohnen. Den hier abgebildeten Wächterkönig des Südens erkennt man an seiner blauen Körperfarbe und dem Schwert (Malerei im Kloster Dechen, Amdo).

anderer durch die «tausend Arme und tausend Augen» seiner häufig elfköpfigen Darstellungsform ausgedrückt wird. Daneben gehören in Tibet Manjushri, der Bodhisattva der Weisheit mit dem das Licht der Finsternis zerteilenden Flammenschwert, der diamantzepterschwingende Vajrapani und die verschiedenen Formen des weiblichen Bodhisattva Tara zu den am meisten verehrten.

Durchaus ähnlich großer Wertschätzung erfreuen sich trotz ihres furchterregenden Aussehens die Dharmapalas – die «Beschützer der Lehre», die teils auf hinduistische Vorbilder, teils auf alte tibetische Bön-Götter zurückgehen. Sie gelten meist als zornvolle Aspekte von Bodhisattvas, die dieses furchterregende Aussehen nur für den Kampf gegen Feinde der (buddhistischen) Lehre angenommen haben. In Tibet wird man vor allem dem stierhäuptigen Yamantaka, dem «mit dem Pferdekopf versehenen» Hayagriva, der auf einem Maultier reitenden Pälden Lhamo und Mahakala, dem «Großen Schwarzen», begegnen.

Neben Bewußtseinszuständen werden auch esoterische Schriften als göttliche Wesenheiten ideiert, die als vielarmige tantrische Götter in geschlechtlicher Vereinigung mit ihrer weiblichen Entsprechung dargestellt werden und so die Aufhebung der Polaritäten symbolisieren (Yab-Yum). Die bekanntesten unter diesen Gottheiten sind Kalachakra, Samvara und Hevajra.

So wie viele der göttlichen Wesenheiten lediglich verschiedene Äußerungen desselben Prinzips, Manifestationen der Gottheiten sind, können diese transzendenten Wesenheiten als irdische Verkörperungen auftreten – als die sogenannten Inkarnationen, deren bekannteste der Dalai und der Panchen Lama sowie der Karmapa sind. Solche Verkörperungen des Buddha(prinzips) werden im Tibetischen *Tulku* genannt («Körper der Verwandlung») und verehrungsvoll als *Rimpoche* («Kostbarer») angesprochen. Sie inkarnieren sich mitleidsvoll zu dem Zweck, den unerlösten Wesen beizustehen, sie durch Belehrung und Bodhisattva-Beistand dem Erlösungsziel näherzubringen. Daher ist ihr irdischer Tod nicht mit dem buddhistischen Verlöschen und Eingang ins Nirwana gleichzusetzen. Während ihr irdischer Körper stirbt, manifestiert sich der Tulku nach einer gewissen (in aller Regel relativ kurzen) Zeit wieder in einem Neugeborenen. Dessen Erlösungswissen wird durch die entsprechenden Rahmenbedingungen – nämlich die Aufnahme ins Kloster und die Ausbildung dort – schnell aktiviert und zum Segen der Gläubigen verfügbar. Der Segen dieser Inkarnationen ist mehr als nur psychologischer Beistand: Als Manifestation des Bodhisattva Avalokiteshvara kann der Dalai Lama von seinem eigenen guten Karma auf andere übertragen, das heißt, den Gläubigen auf seinem Weg zur Erlösung wahrhaft vorwärtsbringen. Der Panchen Lama gilt als Erscheinungsform des Buddha Amitabha. Auch weibliche Gottheiten, insbesondere Dakinis, inkarnieren sich. Die bekannteste weibliche Inkarnation ist Dorje Pagmo, die einstige Äbtissin des Klosters Samding.

Links: Erst relativ spät, etwa im 8. Jahrhundert, wurden auch weibliche Gottheiten, meist Abwandlungen hinduistischer Göttinnen, in das buddhistische Pantheon aufgenommen. Tara (tibetisch Dölma), «die Retterin», ist eine der meistverehrten Göttinnen in Tibet. Von ihren 21 Erscheinungsformen sind die Weiße und die Grüne Tara (im Bild) am populärsten, die Verkörperungen der Liebe darstellen (Malerei im Kloster Rongwo).

Die vergoldeten Kupferdächer des Jokhang-Tempels in Lhasa. Im Hintergrund links erkennt man das von zwei Gazellen flankierte Rad der Lehre, das an Buddhas erste Predigt im Gazellenhain von Benares in Indien erinnert.

Im Potala-Palast von Lhasa – einem Labyrinth aus ineinander verschachtelten Tempel- und Wohnräumen, Kapellen, Terrassen und Hallen. Über tausend Räume soll der dreizehnstöckige Palast haben.

Gesichter Tibets: Pilger am Barkhor von Lhasa schwingen Gebetsmühlen, um den Segen der Götter (oben) oder eine milde Gabe (unten) zu erbitten; alter Mönch (Mitte) in Ganden, das einst eines der mächtigsten Klöster Tibets war.

Rolle als übergeordnete, legitimierende Macht wird deutlich in den Mythen der frühen Yarlung-Dynastie, denen zufolge die ersten sieben Könige an einem himmlischen Seil auf die Erde – und zwar über die Spitzen markanter Berge – herabstiegen. Diese unmittelbare Beziehung zwischen «sakralen Bergen» und dem Königtum oder den Stammesführern betont die Bedeutung der Berge, die nicht als Element der Natur heilig sind, sondern aufgrund der Tatsache, daß die göttlichen Ahnen ihren Sitz auf den Gipfeln genommen haben. In dieser Aufgabe als mythische Vorfahren der einheimischen Bevölkerung wird verständlich, weshalb sie wiederholt den Lauf der Geschichte gelenkt haben – sei es, daß die himmlischen Herrscher über sie zu ihrem Volk hinabgestiegen sind oder sie sich gegen neue, von außen über «ihr Land» hereinbrechende Einflüsse wehrten. So wird von allen bedeutenden Berggöttern des alten Tibet berichtet, daß sie sich dem aus Indien ins Schneeland gekommenen Religionslehrer Padmasambhava entgegenstellten und der Verbreitung des Buddhismus widersetzten. Allein die magischen Fähigkeiten des indischen Gurus ermöglichten die Unterwerfung der mächtigen Berggötter. Der Sieg über sie wurde in Tibet nur dadurch vollkommen, daß die unterlegenen Götter nicht zerstört, sondern verschont wurden und in der neuen Ordnung ihren gestalterischen Platz erhielten. Und indem sich diese Ordnung über das Hochland ausbreitete, nahm die Zahl der Berggötter in dem Maß zu, in dem sich die Untertanen des angehenden Großreiches Tibet vermehrten.

Mit Blick auf die Himmelsrichtungen verehrten die Tibeter der frühen Königszeit vier heilige Berge. Deren Lage macht uns deutlich, welchen Raum das «klassische Tibet» der ersten Jahrtausendhälfte umfaßte. Im Osten residierte Yarlha Shampo auf dem gleichnamigen Berg im Yarlung-Tal – dort, wo der erste König Nyatri Tsenpo im 2. Jahrhundert v. Chr. am himmlischen Seil herabgestiegen war. Nahe der heutigen Grenze zu Bhutan sitzt die südliche dieser vier Berggottheiten auf dem Eisriesen Kula Kangri, während im Westen der «Herr der Genien», Nöjin Kangsang, über die vielbegangene Paßstraße wacht, die vom türkisfarbenen Yamdrok-See hinüber ins Handelsstädtchen Gyantse führt. Mit dem schon genannten Nyenchen Thanglha rundet sich das Gebiet ab, welches die frühen Yarlung-Herrscher kontrollierten: Ausgehend von ihrem Heimat-Tal südlich des Tsangpo-Flusses, umfaßte es die Gegend um den Yamdrok-See, die zentralen Bergregionen Südtibets über das Kyichu-Tal um Lhasa bis an den Rand der unendlichen Hochebenen des Changthang.

Das aufstrebende tibetische Königreich war damit noch weit entfernt von der Ausdehnung, die es wenige Zeit später unter Großkönigen wie Songtsen Gampo

und Trisong Detsen erlangen sollte. Durch Bündnisheiraten und geschickte Diplomatie gelang es diesen Herrschern im 7. und 8. Jahrhundert, ihre Machtsphäre allmählich auszudehnen, bis ihre Reiterscharen nicht mehr nur das gesamte Hochland überschwemmten, sondern auch in die dem Gebirgsfuß vorgelagerten fruchtbaren Ebenen vorstießen. Einer unerbittlichen göttlichen Heimsuchung muß es geglichen haben, als tibetische Krieger vor rund 1300 Jahren über die Eisriesen der Tibet begrenzenden Randgebirge in die Oasen an der Seidenstraße vorstießen, die Ganges-Ebene

eroberten und 763 sogar vorübergehend Chinas Hauptstadt Chang'an besetzten. Damit waren drei grundverschiedene, weit auseinanderliegende Regionen – Indien, China und Zentralasien – miteinander in unmittelbare Verbindung gekommen, nämlich dadurch, daß Teile ihres Territoriums zu Randprovinzen eines dynamischen innerasiatischen Hochlandreiches wurden.

VERWIRRENDE NAMENSVIELFALT EINES VOLKES

Der Größe Tibets ist es zu verdanken, daß das Land und seine Bewohner unter sehr unterschiedlichen Namen bekannt wurden – je nachdem, welche benachbarten Völkerschaften von ihnen berichteten. Im Himalaya wohnen Ethnien, die verwandte Sprachen sprechen und daher den Eigennamen der Tibeter – *Bodpa* (sprich: Böpa) – am authentischsten weitervermittelten. Von den indischen und nepalesischen Nachbarn werden die tibetischen Stämme Bhotia genannt, was dem buddhistischen «Drachenland» Druk-Yül im Ost-Himalaya den Fremdnamen Bhutan einbrachte. In ähnlicher Weise ist uns der Name des in Hochasien gelegenen Landes über türkisch-mongolische Völker als Töböt oder Tübet vermittelt worden. Andere Reisende wie Pater Grueber (siehe Seite 29) näherten sich dem inzwischen als Tibet bekannten Hochland von der chinesischen Ost- bzw. mongolischen Nordostseite. Aus diesem Grund übernahmen sie die Bezeichnungen Tangut bzw. Hsifan für die tibetischen Stämme in Amdo, die bis weit ins 20. Jahrhundert hinein überliefert wurden.

Traditionelles Boot aus Yakhaut auf dem Yamdrok-See. Während der Kulturrevolution verboten, sieht man die kastenförmigen Boote heute wieder öfter. Sie sind so leicht, daß sie von einer Person getragen werden können.

All das führt uns deutlich die ungeheuren Ausmaße des dünnbesiedelten Schneelandes vor Augen, das zu groß ist, um das in seinen Steppen und Tälern verstreute Volk mit einem einheitlichen Namen zu benennen. Gleichwohl erhärtet sich auch der Eindruck, daß die kulturellen Unterschiede zwischen verschiedenen tibetischen Regionen und deren Bewohnern beträchtlich sein müssen. Ihre äußerst ungleichen Dialekte mögen zwar einer einheitlichen Sprache zugehören, doch in Physiognomie und Tracht sind die in den diversen Regionen Tibets heimischen Stämme sehr facettenreich. Am prägnantesten unterscheiden sich die in den Tälern seßhaften Ackerbauern Amdos und Südtibets von den über das ganze Innere des zentralen Hochplateaus verbreiteten Nomaden.

SONNENVERWÖHNTES SCHNEELAND

In den Weiten des durchschnittlich über 4500 Meter liegenden Changthang leben Viehzüchternomaden unter den Bedingungen eines Klimas, das mit der Wendung «ein Tag, vier Jahreszeiten» treffend gekennzeichnet wird. Die Hirten sind es gewohnt, stürmisches Schneetreiben und gleißende Sonne, Regen und Hagelschauer im Lauf eines einzigen Tages zu erleben, so daß sie sich davon nicht im geringsten beeinflussen lassen. Daß die Tibeter ihre sonnenverwöhnte Heimat selbst als Schneeland bezeichnen, drückt die Wechselhaftigkeit in markanter Weise aus, denn außer der Sahara genießt und erleidet keine andere Region unserer Erde mehr Sonnenschein. Große Schneemengen sind eher selten, aber dafür ist Schneefall fast das ganze Jahr hindurch ein alltägliches Ereignis.

Für das tibetische Klima bezeichnend ist indessen nicht das Extrem des einen oder anderen Klimafaktors, sondern vielmehr der häufige Wechsel zwischen all

Fortsetzung Seite 30

Gebetsfahnen am Nam Tso, mit einer Fläche von knapp 2000 Quadratkilometern der größte See Zentraltibets. Im Hintergrund erhebt sich die Gebirgskette des Nyenchen Thanglha, Sitz des gleichnamigen mächtigen Berggottes.

Schafe am Yamdrok-See in Südtibet. Noch immer leben die meisten Tibeter von Viehzucht und Ackerbau.

Blick auf Gyantse mit dem berühmten Kumbum-Chörten, dem »Stupa der hunderttausend Bildnisse« (rechts).

Südtibeterinnen am Yamdrok-See. Im Winter wird der breitrandige Filzhut, der an die Kopfbedeckung der Indios in Südamerika erinnert, gegen eine Pelzmütze ausgetauscht, der Wollmantel gegen einen Schaffellmantel.

Fahrt mit einem Yakhaut-Boot auf dem Tsangpo bei Gongkar. Der größte Fluß Tibets entspringt nahe dem Kailash im Westen des Landes und fließt auf einer langen Strecke zwischen Himalaya und Transhimalaya nach Osten, bis er mit einer scharfen Wendung die Gebirge durchbricht und sich nach Indien abwendet. Dort heißt er Brahmaputra.

FREMDE IN DER «STADT DER GÖTTER»

Von Missionaren und Forschungsreisenden

Durch bis zu 7000 Meter hohe Gebirgsketten nicht nur geographisch, sondern als buddhistischer Gottkönigstaat auch lange kulturell gegen fremde Einflüsse abgeschottet, hat Tibet, das sagenumwobene Schneeland, Generationen von Missionaren, Abenteurern und Forschern fasziniert und herausgefordert.

Diese Zeichnung des Potala von Johann Grueber wurde 1667 in Athanasius Kirchers «China Illustrata» veröffentlicht. Die Kutsche ist allerdings ein Produkt von Gruebers Phantasie.

Als erste Europäer kamen die Jesuitenpater Antonio de Andrade und Manuel Marques ins Schneeland. Nach 23 Jahren Missionstätigkeit in der portugiesischen Kolonie Goa in Indien steckte de Andrade sich das Ziel, China auf dem Landweg über Kaschmir zu erreichen. In Unkenntnis des ausgedehnten Hochlandes jenseits der Berge stieß er auf das Königreich Tsaparang in Westtibet, von wo er 1626 die Entdeckung eines «neuen Landes» berichtete. Auch als die Jesuiten John Cabral und Stephen Cacella im gleichen Jahr durch das Chumbi-Tal auf die tibetische Nordseite des Himalaya gelangten, war noch keinem Europäer bewußt, welch riesiger unerschlossener Raum sich zwischen ihnen und dem Reich der Mitte ausdehnte.

Einen ersten Eindruck von der Unermeßlichkeit des Dachs der Welt erhielt 1661 der Österreicher Johann Grueber, der sich von Peking auf den langen Weg über Amdo und Zentraltibet nach Indien aufmachte. Bereits nach drei Monaten soll er mit seinem belgischen Begleiter Albert d'Orville Lhasa erreicht haben. Einen Monat blieben sie in der «Stadt der Götter», von der durch Grueber erstmals Kunde nach Europa drang. Den Ordensbruder beeindruckte vor allem die Kloster- und Mönchshierarchie des inzwischen in Tibet an die Macht gelangten Gelugpa-Ordens. Wegen vieler scheinbarer Ähnlichkeiten mit der katholischen Kirche glaubte er, daß eine Missionierung der Tibeter vielversprechend sein müßte.

Während Gruebers Beschreibung die bis heute andauernde westliche Rezeption Tibets als dominanten Klosterstaat – mit aller Faszination und den zugehörigen Klischees samt Mißverständnissen – vorwegnahm, wird in den Schilderungen der zweieinhalb Jahrhunderte später nach und in Tibet reisenden Französin Alexandra David-Néel vor allem das einfache Volk dargestellt. Sie wanderte als bettelnde Pilgerin verkleidet jahrelang über die Weiten des Hochlandes und gewahrte nicht nur das «Tibet der oberen Zehntausend». Sie lebte unter den ärmsten, aber gleichwohl herzlichen und gastfreundlichen Menschen. Ihre Berichte machen uns mit dem Spannungsfeld vertraut, das sich aus dem Widerspruch zwischen hohem Klerus und der dämonengläubigen, magischen Inhalten zugeneigten einfachen Bevölkerung ergibt. David-Néel erlebte aber nicht allein den Alltag und die Gedankenwelt dieser schlichten Menschen, sondern sie lernte ihre Sprache, ihre religiösen wie mythologischen Vorstellungen so genau kennen, daß sie uns das bunte Bild eines äußerst liebenswerten Völkchens mit all seinen Stärken und Schwächen vermitteln konnte. Darüber hinaus fruchtete ihre Auseinandersetzung mit der buddhistischen Lehre nicht nur in einer ausgezeichneten Kenntnis von deren Inhalten; es gelang ihr sogar, als erste westliche Frau von der hohen tibetischen Geistlichkeit als Lama-Gelehrte anerkannt zu werden.

Alexandra David-Néel 1912 bei Gyantse (oben) und 1921 mit Lama Yongden (unten).

Das Dorf Rinchentse liegt in einem fruchtbaren Seitental des Transhimalaya. Dieser vom Forschungsreisenden Sven Hedin so benannte Gebirgszug verläuft mit einer mittleren Kammhöhe von 5500 bis 6000 Metern weitgehend parallel zum Himalaya von Westen nach Osten.

seinen Spielarten. Das eigenartige Zusammenspiel von Sonne, Wind, Eiseskälte, Schneegestöber und Trockenheit war gerade für die nach Tibet gelangten Fremden besonders bemerkenswert. «Endlich steht er auf der Höhe des tibetischen Grenzpasses, des Lipulekh», beschrieb Lama Govinda den Weg des Pilgers zum westtibetischen Kailash, «im eisigen Nebel der ewigen Monsunwolke, die den Paß während des Sommerhalbjahres bedeckt. Kaum aber hat er den Paß überschritten, da hebt sich der Wolkenvorhang, und vor seinen erstaunten Augen liegt ein Land der Sonne, dessen Berge nichts mehr von der düsteren Schwere und Melancholie des monsunbestürmten Himalaya haben, sondern aus den reinsten, fast transparenten Pastellfarben gewoben zu sein scheinen. Gelbe, orangefarbene, rote und violette Töne stehen gegen einen tiefblausamtenen Himmel. Der Kontrast zu allem bisher Gesehenen ist so überraschend, daß der Pilger die drohende dunkle Wolke, die noch über seinem Haupt hängt und ihn mit eisigem Atem anhaucht, kaum bemerkt.»

Teepause bei der Feldarbeit in Namling. Buttertee und Tsampa, der traditionelle Gerstenbrei, versorgen den Körper mit allem, was er in dem kalten Höhenklima braucht: Flüssigkeit und Fette, Kohlenhydrate und Salz.

Im Gegensatz zur nomadischen Bevölkerung unterlagen die Bauern Zentral- und Osttibets im Lauf der Geschichte grundverschiedenen Völkerverschiebungen. Das tibetische Herzland umfaßt im wesentlichen die im südlichen Teil des Hochlandes gelegenen klassischen Kernprovinzen Ü, die Region um Lhasa, sowie Tsang, das Gebiet um Shigatse, und Lhokha mit dem Yarlung-Tal. Der ferne Westen, Ngari, der in früher Zeit einmal Ladakh mit einschloß, gehört wie der westliche Teil Khams zur 1965 von den Chinesen eingerichteten Autonomen Region Tibet. Jenseits von dessen Grenzen liegen noch rund eine Million Quadratkilometer Hoch-

Camp bei Namoche im Transhimalaya. Wer hier unterwegs ist, muß sich auf extreme Temperaturunterschiede innerhalb eines Tages einstellen und – auch im Sommer – auf bitterkalte Nächte.

land, wo mehr Tibeter leben als in der zentraltibetischen Autonomen Region selbst, allerdings auch noch etliche andere Völkerschaften, die ethnisch weder Han-Chinesen noch Tibeter sind. Pauschal werden jene Gebiete als die Provinzen Amdo und Kham bezeichnet, während sie in tibetischen Schriften nur als *Dokham Kangsum* vom Kernland abgehoben werden und keine spezifischen Verwaltungsgrenzen als eigene Provinzen kannten. Nimmt man sie jedoch als naturräumlich definierte Kulturprovinzen, wird mit Amdo Nordosttibet umrissen: mit dem größten Teil der chinesischen Provinz Qinghai sowie je einem beträchtlichen Stück von Gansu und Sichuan. Was die Menschen in Lhasa als Kham betrachten, umfaßt den südöstlichen Zipfel Qinghais, den Osten der Autonomen Region Tibet, die gebirgige Westhälfte von Sichuan und die Nordwestecke von Yunnan. Geographisch vom Stammland um Lhasa abgekoppelt, waren weite Gebiete in Amdo muslimischen oder chinesischen Machthabern unterworfen, während Kham in eine große Zahl quasiselbständiger Kleinfürstentümer aufgegliedert war. Das wesentliche einende Moment ist – außer Schrift und Sprache – die tibetische Form des Buddhismus, die sich freilich auch in der Mongolei durchgesetzt und vielerorts im chinesischen Kaiserreich verbreitet hatte.

In den Straßen von Shigatse werden beliebte tibetische Souvenirs wie Ketten, Ringe und Armreife mit (einheimischen) Türkisen und (importierten) Korallen sowie Amulettkästchen, Gebetsmühlen und Thangkas verkauft.

HELDENKRIEGER, HOHE GELEHRTE UND WEISE STAATSMÄNNER

Erst mit der Einführung der Schrift im 7. Jahrhundert rückte das Schneeland ins Licht der Geschichte. In manchen Büchern wird mit 127 v. Chr. zwar ein exaktes Datum für die Entwicklung eines unabhängigen Tibet

genannt, doch täuscht dies darüber hinweg, daß diese Jahreszahl ein Konstrukt ist, welches mit Hilfe der erst 800 Jahre später in den «Königsannalen» aufgezeichneten Mythen und Legenden zurückgerechnet wurde. Tatsächlich existierte vor der Zeitenwende kein einheitliches Reich auf dem Hochland. Allemal wurden kleinere Fürstentümer im Süden, die sich auf eine autochthone Bauernbevölkerung stützten, durch Nomadenvölker bedrängt, die von Nordosten her einwanderten. Diese hatten noch vor dem Aufkommen der südtibetischen Königsdynastie im Yarlung-Tal ein eigenes Reich Shangshung gegründet, das lange Zeit in den Bereich des Mythos verwiesen wurde, aber immer mehr an Historizität gewinnt.

Wird die Frühzeit der tibetischen Geschichte allenfalls durch Mythen etwas erhellt, so nimmt die Historiographie mit der Schrifteinführung sehr viel deutlichere Züge an. Dabei darf man nicht übersehen, daß die Geschichtsschreibung Tibets seit Anbeginn im Dienst der buddhistischen Lehre stand. Kerngedanke ihrer Darstellungen ist es zu überliefern, welche Persönlichkeiten sich um die Verbreitung des Buddhismus verdient gemacht haben und auf welche Weise dies geschah. Die Landesgeschichte erscheint im Vergleich zur Chronik der Durchsetzung der buddhistischen Lehre nebensächlich. Von überragender Bedeutung sind daher die Herrscher und Religionsgelehrten, die sich für die Missionierung des Schneelandes und seiner Nachbarvölker einsetzten. In gewisser Weise ist die tibetische Geschichte damit eine Personalgeschichte, die sich durch wenige Namen außergewöhnlicher, im nachhinein fast durchweg vergöttlichter Menschen festmachen läßt: Songtsen Gampo, Wencheng und Bhrikuti, Trisong Detsen und Rälpachen; Padmasambhava, Atisha und Rinchen Sangpo, Marpa und Milarepa, Sakya Pandita und Pagpa, Tsongkhapa und der «Große Fünfte» sowie der 13. Dalai Lama.

Außerdem erscheinen in diesem Zusammenhang zwei weitere Namen, die für Tibet von großer Bedeutung sind: jene des Kriegshelden Gesar und des Bön-Stifters Shenrab. Sowohl der Sagenschatz des über sein Reich Ling herrschenden und im Volk überaus beliebten Heldenkönigs Gesar als auch die Lebensgeschichte des Shenrab, die wie eine Kopie der Buddha-Vita anmutet, haben sich nicht in den orthodoxen Annalen niedergeschlagen. Doch scheinen die beiden Gestalten, die Wesen und Denken der Tibeter bis heute beeinflussen, gleichwohl außerhalb der Geschichte zu stehen. Wir sollten sie als Zeugnisse der geschichtlichen Auseinandersetzung einheimischer Glaubensformen mit der später eingedrungenen buddhistischen Lehre und Weltkonzeption ernster nehmen, als es gemeinhin getan wird. Das Ideal des tapferen Kriegers und der

Oben und Mitte: Maskentänze im Kloster Tashilhunpo bei Shigatse. Alle Darsteller sind Mönche; die Rollen werden je nach tänzerischer Begabung und körperlicher Konstitution vergeben, denn einige Masken und Kostüme haben ein beträchtliches Gewicht.

Unten: Ein Mönch der Schule der Gelugpa, der «Tugendhaften», die wegen ihrer Ordenskappen auch Gelbmützenmönche genannt werden.

Fortsetzung Seite 41

In der Kloster-stadt Tashilhunpo, die mit ihren schmalen, verwinkelten Gassen, den lachsrot und weiß getünchten Häusern, den schwarz umrandeten Fenstern und den goldenen Dächern als eine der schönsten religiösen Anlagen Tibets gilt. Tashilhunpo ist das Stammkloster des Panchen Lama, der als Verkörperung des Amitabha-Buddhas neben dem Dalai Lama die bedeutendste Inkarnation in Tibet ist.

Hinter der Hochebene bei Tingri erhebt sich majestätisch der Himalaya mit dem Cho Oyu (Mitte).

CHANGTHANG

Eine Reise durch die «Wildyaksteppe»

Der Changthang gehört zu den klimatisch extremsten Gebieten Tibets: Die durchschnittliche Jahrestemperatur beträgt minus fünf Grad, im Winter sinkt das Thermometer bis auf minus vierzig Grad, und eisige Winde peitschen über die Hochebenen. Noch kaum von der Zivilisation berührt, ist der Changthang eines der größten Naturreservate Asiens.

2

Die «nördlichen Ebenen», wie Changthang übersetzt wird, sind bei weitem nicht nur eben, sondern durchzogen von Bergketten, die – wie die zahlreichen Seen – mit mehr Dämonen und Geistern bevölkert scheinen als mit Menschen. In Zusammenarbeit mit amerikanischen Zoologen haben chinesische Behörden dort den größten Nationalpark Asiens eingerichtet. Eine gute Woche ist man von Lhasa unterwegs, um die bezaubernden Landschaften des nordtibetischen Changthang und seine Tierwelt zu erleben.

Eines der schönsten Wildtiere, die es im Changthang zu sehen gibt, ist der Kiang, wie der tibetische Name des auf dem Hochland heimischen Wildesels lautet. Eigentlich ist es ein Halbesel, der von der Statur dem Pferd recht nahesteht. Mit mattrotem Rücken, cremefarbenen Flanken und weißem Bauch sind die Tiere in der sommerlich grünen Steppe verhältnismäßig gut zu erkennen. Die mehr neugierig als scheuen Kiangs traben gerne – mit hoch erhobenem Kopf – in mäßiger Distanz neben Fahrzeugen her und fordern diese ab und an auch zu einem kleinen Wettrennen heraus.

In der – vom früheren Forschungsreisenden Ernst Schäfer so benannten – «Wildyaksteppe» leben noch zahlreiche andere Tierarten. Neben Wildyaks gibt es Antilopen und tibetische Wildschafe, Wölfe und Braunbären, und es wimmelt von Nagern und kleinen Echsen. Die reiche Vogelwelt ist mit Steppenhühnern, Adlern, Bussarden, Wildgänsen, Kranichen und Riesenschneefinken vertreten. Dort, wo die Tiere die saftigsten Weiden vorfinden – in den südlichen und mittleren Steppengebieten des Changthang sowie in Nordosttibet –, gaben zwei weitere Tierarten dazu Anlaß, diese Zonen als «Gazellen-» bzw. «Kiangsteppe» zu bezeichnen. Durch die abwechslungsreiche Landschaft dieser Gebiete ziehen kleine Herden von Tibetantilopen, Gazellen und Kiangs, die in Rudeln von zwanzig bis hundert Tieren auftreten. Wölfe, Luchse und Füchse machen Jagd auf die hier in großen Massen lebenden Pfeifhasen wie auch auf Gazellen und Antilopen, deren trächtige Weibchen im Juni weit nach Norden ins tibetische «Niemandsland» ziehen.

Eine Fahrt in den Changthang ist alles andere als eine einfache Reise – sie ist ein Abenteuer. Von schlechten Straßen brauchen wir nicht zu reden, da es keine gibt. Allenfalls durch Reifenspuren im oft vom Regen aufgeweichten Steppenboden

3

sind in einsamen Landschaften Pisten zu entdecken. In dieser herbschönen, widrigen Natur erwacht das Verständnis dafür, daß der Dämonenglaube auf dem Dach der Welt so ausgeprägt ist. Changthang, das ist die Unendlichkeit des Hochlan-

4

des, eine großartige Landschaft mit Grassteppen und Sümpfen, Gebirgszügen und Seen. Changthang bedeutet Schneesturm und Sonnenbrand, Regenschauer und Dürre innerhalb weniger Stunden und grenzenlose stille Weiten. Changthang heißt auch, tagelang nur wenige Men-

1 *Kiangs, tibetische Wildesel.*

2 *Einige Lehmhütten und -mauern bei Gertse dienen den Nomaden und ihren Herden bei plötzlichen Witterungseinbrüchen im Sommer als Schutzquartier.*

3 *Yaks im Kreis Tsochen. Diese extrem widerstandsfähigen Grunzochsen fühlen sich erst ab einer Höhe von 3000 Metern wohl.*

4 *Nomade in der Nähe von Ombu.*

schen zu treffen, aber dafür einer einzigartigen Tierwelt zu begegnen. Auf 4500 Meter Höhe inmitten öder Wildnis, wunderbar an türkisblauen Seen gelegen, erscheinen kleine tibetische Ackerbausiedlungen, die wie ein winziges Shangri La, ein irdisches Paradies, abgeschottet vom Rest der Welt im geographischen Zentrum der Autonomen Region Tibet liegen: Dangchung und Ombu.

Mit einer Fläche von knapp 300 000 Quadratkilometern ist der nahe Changthang-Naturpark – nach dem Grönland-Nationalpark das zweitgrößte Schutzgebiet der Welt – kaum kleiner als Deutschland. Ein faszinierendes Mosaik wilder Tiere und Pflanzen soll der Menschheit hier bewahrt werden. Der Schutz der riesigen Gebiete wirft nicht zuletzt aufgrund ihrer Abgeschiedenheit kaum zu bewältigende Probleme auf. Wilderer, ja selbst tibetische Nomaden, die aufgrund ihrer buddhistischen Lebenshaltung eigentlich keine Tiere töten dürften, machen Jagd auf geschützte Tiere. Dabei wildern meist Hirten, die mit ihren eigenen Herden keine glückliche Hand hatten, oder solche, die die Jagd als Möglichkeit zur Bereicherung entdeckt haben.

Auf die vielfältigen Schwierigkeiten der Einrichtung des Changthang-Naturparks haben sich die Behörden durchaus vorbereitet. Zu diesem Zweck war eine sorgfältige Erkundung der Region durch tibetische und chinesische Naturkundler vorausgegangen. Zusammen mit dem erfahrenen amerikanischen Zoologen George Schaller, dem wissenschaftlichen Direktor der Wildlife Conservation Society in New York, hatten sie bis Anfang der achtziger Jahre auf fünf mehrmonatigen Erkundungstouren Abertausende Kilometer in Jeeps und auf Kamelen zurückgelegt.

Die Steppenvegetation im Herzen des Changthang reicht teilweise weit über 5500 Meter Höhe hinauf. Nördlich des Transhimalaya sind die Pflanzen an den hohen Salzgehalt der abflußlosen Seen und der sie umgebenden Böden angepaßt. Die schüttere Vegetation bietet Antilopen und Wildyaks eine ausreichende Nahrungsgrundlage, solange nicht die Herden der Nomaden mit ihnen konkurrieren. Der wesentliche Grund für das Schrumpfen der Wildyakpopulationen ist die im 20. Jahrhundert aufgekommene Jagd mit modernen Schußwaffen. In den ersten Jahrzehnten drohten sowohl moslemische Berufsjäger als auch manche der im Changthang lebenden Nomadenstämme den Wildyaks jenes Schicksal zu bereiten, das die nordamerikanischen Bisons schon ereilt hatte. Nach dem Einmarsch der chinesischen Armee in Zentraltibet setzten Militärangehörige, Lastwagenfahrer und Behördenvertreter die Jagd gnadenlos fort, und die einsamen Weiten des Hochlandes liefen Gefahr, in eine leere Ödnis ohne Leben verwandelt zu werden. In jüngster Zeit hat sich jedoch glücklicherweise ein ökologisches Verantwortungsbewußtsein entwickelt, und neben anderen Tierarten steht inzwischen auch der tibetische Wildyak unter strengem Schutz.

6

5

5 *Nomadenfamilie im Changthang. Die unwirtlichen Hochebenen, die keinen Ackerbau zulassen, sind der Lebensraum der Viehzüchternomaden. Hier leben sie meist völlig abgeschieden und erzeugen (fast) alles selbst, was sie verbrauchen.*

6 *Blick über die einfachen Gebetsmühlen eines Hausdaches in Dangchung.*

Das kleine Dorf Dangchung am gleichnamigen See – eine der wenigen menschlichen Ansiedlungen im Changthang.

Kang Rimpoche – Schneejuwel – nennen die Tibeter ihren heiligsten Berg, den Kailash (oben und unten). Die Buddhisten sehen in ihm den Berg Meru, den mythischen Berg im Zentrum des Kosmos, die Weltenachse, die das Reich der Götter mit dem der Menschen verbindet. Vier der größten Flüsse Asiens entspringen in seiner Nähe und fließen wie die Speichen eines Rades in die vier Himmelsrichtungen: der Tsangpo nach Osten, der Indus nach Norden, der Sutlej nach Westen und der Karnali nach Süden.

völlig frei und ungebunden lebenden Hirtenvölker sowie der Gedanke an einen autochthonen Religionsstifter sind überaus wichtig für das Verständnis Tibets.

Der noch im Yarlung-Tal geborene König Songtsen Gampo, der von 629 bis 650 regierte und mit dem die Geschichte Tibets den Boden der Schriftlichkeit tastend betritt, verlegte das politische Machtzentrum nordwestwärts ins Tal des Flusses Kyichu. Nach 641 wurde dort unter dem Einfluß seiner nepalesischen und chinesischen Gattinnen der Jokhang-Tempel als bis heute bedeutendstes buddhistisches Heiligtum Tibets gegründet. Unter Songtsen Gampos Nachfolgern ragten zwei weitere, wegen ihrer Bedeutung für die buddhistische Mission «Religionskönige» genannte Herrscher, Trisong Detsen und Rälpachen, besonders heraus. Sie festigten Tibets Position als größte Militärmacht Zentralasiens, die eineinhalb Jahrhunderte lang Nordindien, Kaschmir, Ostturkestan und die südliche Gobi beherrschte. Trisong Detsens Beitrag zur Verbreitung des Buddhismus bestand darin, daß er im 8. Jahrhundert den indischen Tantriker Padmasambhava in sein Reich einlud und damit die Gründung des ersten Klosters in Tibet ermöglichte. Denn die Überlieferung berichtet, wie die Klosterbaustelle nächtens immer wieder von Dämonen heimgesucht wurde, die den Fortgang der Arbeiten behinderten und sabotierten. Daher beschloß man, den berühmten Guru Padmasambhava, dessen magische Fähigkeiten weit über die Grenzen seiner Heimat hinaus gerühmt wurden, um Beistand zu bitten. Dem Weisen und Magier gelang es, die Dämonen zu bannen und sie für die Lehre in die Pflicht zu nehmen. Auf sein Wirken hin nahmen die vormals feindselig gestimmten Kräfte nicht nur an der Fertigstellung des Klosters Samye teil, sondern fortan machten sie es sich zur Aufgabe, die buddhistischen Gläubigen vor Anfeindungen zu schützen. Als «Ressortgottheiten» haben sie das lamaistische Pantheon schließlich ungemein bereichert.

König Rälpachens Verdienst um die Geistlichkeit wird in den Annalen betont. Daß er erbliche Regierungsposten der Aristokratie mit Mönchen besetzte, führte um 838 zu seiner Ermordung durch unzufriedene Adlige. Sein Nachfolger Langdarma hing dem alten Bön-Glauben an und löste die erste große Buddhistenverfolgung in Tibet aus, welche die neue Religion im Schneeland fast völlig auslöschte. Langdarma fiel 842 ebenfalls einem Mordanschlag zum Opfer, und Nachfolgestreitigkeiten führten zu Anarchie und Zerfall. Damit war die Macht des großtibetischen Königreiches gebrochen. Der Buddhismus in Tibet sollte sich von diesem Rückschlag ein Jahrhundert lang nicht mehr erholen. Neue religiöse Impulse löste im 11. Jahrhundert die Einladung an den indischen Weisen Atisha, im westtibetischen Königreich Guge zu lehren, aus. Seine

Die Anreise zum Kailash ist beschwerlich. Dennoch pilgern jährlich unzählige Gläubige, teilweise unter größten Strapazen, aus allen Teilen Tibets zum heiligen Berg.

Dieser Pilger hat den höchsten Punkt bei der rituellen Umwandlung des Kailash erreicht, den mit Gebetsfahnen geschmückten, über 5500 Meter hohen Paß Dölma La. Hier opfern die Gläubigen etwas von ihrer Habe und danken der Göttin Dölma.

Trotz der harten Lebensbedingungen in der extrem unwirtlichen Landschaft des Changthang hat sich dieser Dorfbewohner in Dangchung sein fröhliches Lachen bewahrt.

Während der Buddhistenverfolgung durch König Langdarma flohen viele gläubige Tibeter in das abgelegene Sutlej-Tal nach Westtibet und gründeten dort ein neues religiöses Zentrum. Im Bild ein in den Felsen geschlagener alter Tempel über Purang.

Begegnung mit dem tibetischen Gelehrten Rinchen Sangpo initiierte die buddhistische Renaissance, in deren Folge es zur Gründung zahlreicher Reformorden kam, deren Gründerfiguren alle auf der Liste des tibetischen Gelehrtentums stehen: wie Marpa und sein berühmter Schüler Milarepa, Tibets größter Mystiker und Dichter, sowie Dromtön und Butön.

Wandmalerei im Weißen Tempel von Toling, neben Tsaparang die wichtigste Stadt im ehemaligen westtibetischen Königreich Guge.

Auf den Mongolensturm im 13. Jahrhundert reagierten die Tibeter in weiser Voraussicht mit ihrer freiwilligen Unterwerfung. Der hohe Lamagelehrte Sakya Pandita, Oberhaupt des Sakya-Ordens, reiste 1244 auf eine Einladung hin persönlich zu den Mongolen und wurde zum Statthalter in Tibet ernannt. Sein Neffe und Nachfolger Pagpa gewann am Hof Kublai Khans so viel Einfluß, daß er vom Großfürsten im Jahr 1260 als geistiges und weltliches Oberhaupt Tibets bestätigt wurde. Die besondere Protektion der sich zum tibetischen Buddhismus bekennenden mongolischen Führungsschicht begründete die tibetische Theokratie, indem sie Sakya zum Zentrum eines Klosterstaates machte, der die politische Führung in Tibet übernahm.

GELBMÜTZEN UND ROTGARDISTEN

Die Grundlagen für die jüngere tibetische Geschichte legte der Erneuerer Tsongkhapa, der nach dem Zerfall der Sakya-Staatsmacht und der zunehmenden Verweltlichung des Klosterlebens die Ordensdisziplin reformieren wollte. Tsongkhapas Eintreten für eine geläuterte, auf Reichtum und Macht verzichtende buddhistische Kirche übte auf Laien und Mönche gleicher-

Umgeben von einer einzigartigen Canyonlandschaft, die der Sutlej-Fluß in den weichen Sandstein grub, erheben sich die Tempel von Toling in Westtibet.

maßen Anziehungskraft aus. Rasch entwickelten sich aus der ursprünglich sehr kleinen Schar seiner Anhänger größere Mönchsgemeinden. Wegen ihrer strikten Ordensdisziplin wurden sie Gelugpa, das heißt «die Tugendhaften», genannt. Die Auseinandersetzung mit anderen buddhistischen Orden gestaltete sich nicht immer gewaltfrei, und zu manchen Zeiten lief der neue Reformorden Gefahr, vom Boden Zentraltibets verdrängt zu werden. Es war der fünfte in der Inkarnationsnachfolge der auf einen Schüler Tsongkhapas zurückgehenden Reihe der Dalai Lamas, dessen politisches Interesse groß und weltliche Autorität ausreichend war, um die Stellung der Gelugpa in Tibet nicht nur zu festigen, sondern ihren Machtbereich sogar zu erweitern. Die erneute Missionierung der Mongolen – vier Jahrhunderte nach jener durch Sakya – begründete eine enge Verbindung zwischen den beiden Völkern. Der Titel Dalai Lama, der zumeist mit «Ozean der Weisheit» übersetzt wird, war der dritten Inkarnation durch einen mongolischen Fürsten verliehen worden; und es war ein im Norden des tibetischen Hochlandes herrschender Khoschod-Mongole, Gushri Khan, der dem «tugendhaften Klosterorden» zur weltlichen Macht über Tibet verhalf – und somit indirekt wieder am Reformwerk Tsongkhapas kratzte.

Gebetsmühlen an der Außenseite des Weißen Tempels von Toling, die die Gläubigen bei der rituellen Umwandlung des Tempels in Bewegung setzen.

Die Staatsmacht Tibets blieb bis in die Neuzeit von starken Führerpersönlichkeiten abhängig. Da die auf den «Großen Fünften» folgenden Inkarnationen des Dalai Lama früh verstarben – unter Mitwirkung der herrschsüchtigen Umgebung –, ermangelte es in Zentraltibet einer allgemein anerkannten Autorität. Im selben Maß, wie die Macht einzelner Klöster wieder

zunahm, verstärkten sich die innenpolitischen Probleme, und die Sicherheit nach außen blieb ebenfalls nicht mehr gewährleistet. Das nutzten nach den Dzungaren auch die nepalesischen Gorkhas, die im 18. Jahrhundert ihr Reich über ganz Nepal ausgedehnt hatten, und bedrängten das Schneeland im Süden. Da sich die Tibeter der Armeen aus dem Himalaya nicht erwehren konnten, erging wiederum ein Hilferuf an den chinesischen Kaiserhof in Peking. Die Mandschu-Dynastie reagierte prompt und warf die Gorkhas mit nach Tibet entsandten chinesischen Truppen aus dem Land. Damit wurden die Tibeter zwar die Eindringlinge aus dem Süden los, von nun an verstärkten sich aber die militärische Präsenz und der Einfluß der mandschu-chinesischen Politik auf die Verhältnisse in Tibet.

Die Vorfahren dieser Ngolok-Nomadin waren ein berühmt-berüchtigtes Reitervolk, das Alexandra David-Néel in ihrem Buch »Das Land der ehrbaren Räuber« von 1933 detailliert beschreibt.

Es lag an der Koinzidenz der Umstände, daß mit der niedergehenden letzten chinesischen Kaiserdynastie zum zweiten Mal ein mächtiger Dalai Lama, der 13., die Politik auf dem Dach der Welt entschlossen in die Hand nahm und seinen Machtbereich festigte. Mit dem Sturz der Monarchie in Peking 1912 kündigte er Chinas Führung die Loyalität auf und betrieb eine Unabhängigkeitspolitik, die sich mehr auf Isolation denn auf eine aktive Gestaltung der Außenpolitik stützte. Gleichzeitig erhöhte er die innenpolitischen Spannungen, indem er alte regionale Gegensätze – wie jene zwischen den Kernprovinzen Ü und Tsang – schürte. Da die Briten ihren Einfluß im Potala geltend machen konnten, orientierten sich andere Kreise – wie der Panchen Lama – in Richtung China. Progressive Kräfte, zu denen Teile der tibetischen Aristokratie zählten, unterlagen trotz der Förderung durch den 13. Dalai Lama gegen einen immer intriganter werdenden Klerus. Dieser verfolgte zwar partikulare Einzelinteressen, in seiner orthodoxen konservativen Grundhaltung stand er jedoch geschlossen zusammen. Auch nach dem Tod des Kirchenfürsten, der Tibet im 20. Jahrhundert in eine erneute Selbständigkeit geführt hatte, wurde die Gefahr der Bedrohung von außen nicht genügend ernst genommen. Ein politisch schwaches Tibet mit starkem religiösem Selbstbewußtsein harrte am Vorabend des chinesischen Einmarsches der kommenden Dinge, dem tragischsten Kapitel in Tibets Geschichte.

Festlich geschmückte Ngolok-Nomadinnen am Koko Nor. Viele Mädchen flechten ihr Haar in 108 Zöpfe, denn diese Zahl ist den Buddhisten heilig – 108 Bände umfaßt die tibetische Übersetzung von Buddhas Lehre.

Weite Teile tibetischen Siedlungsgebietes – namentlich Amdo und der Osten von Kham – unterlagen schon seit längerem direkt dem Wechselspiel chinesischer Politik. Der »Lange Marsch« der Kommunisten hatte diese auf der Flucht vor den nationalchinesischen Truppen Tschiang Kaisheks unter anderem über das östliche Hochland Tibets geführt. Nicht zuletzt die Unterstützung, die sie dort von Tibetern erfuhren, dürfte sie in ihrem Sendungsbewußtsein, Tibet als ehemaligen Teil des chinesischen Kaiserreiches »befreien«

Um sich gegen das gleißende Sonnenlicht, Schneeblindheit und Staub zu schützen, greifen immer mehr Tibeter wie der junge Mönch zu Brillen.

Fortsetzung Seite 50

In einem kargen Land, in dem die wenigen Bewohner weit voneinander entfernt leben, sind große Feste wie dieses am See Koko Nor (oben und unten) ein bedeutendes Ereignis: Die Männer messen sich im Bogenschießen und Wettreiten, die Frauen tragen ihren schönsten Schmuck, Waren werden getauscht, Hochzeiten arrangiert und die Lamas in religiösen Dingen um Rat gefragt.

Ngolok-Nomaden versammeln sich zu einem Fest am »Sonne-Mond-Paß« (Riyue Shan) in Nordosttibet.

Höhepunkt eines religiösen Festes im Kumbum-Kloster in Amdo sind die Maskentänze: Neben der Darstellung von buddhistischen Lehrinhalten sollen die Gläubigen auch an den Anblick der tierköpfigen, oft furchterregenden Schutzgottheiten gewöhnt werden, die sie nach dem Tod im Bardo, dem Zwischenreich, erwarten.

MASKENTÄNZE

Während der Kulturrevolution verboten, werden die Maskentänze heute wieder von vielen Klöstern zu festlichen Anlässen aufgeführt. Kaum ein Zuschauer kann sich dem Bann dieser ebenso farbenprächtigen wie geheimnisvollen Mysterienspiele entziehen.

Das Cham genannte, rituell getanzte Mysterienspiel führt den Gläubigen buddhistische Lehrinhalte vor Augen. Entsprechend sind Themen und Motive der Cham-Tänze recht unterschiedlicher Natur. Ihr wichtigstes Anliegen ist, die Überlegenheit der buddhistischen Religion und ihren Sieg über die dunklen Aspekte des Lebens zu verdeutlichen. Zum einen sollen die diversen Masken die Menschen mit der Situation vertraut machen, in die sie während ihrer 49-Tage-Wanderung im Bardo, dem «Zwischenzustand» zwischen Tod und Wiedergeburt, geraten. Die unerlösten Wesen sollen sich auf diese Weise an die verschiedenen Aspekte der Gottheiten gewöhnen, an die verführerischen und die zornvoll-schrecklichen, um im Bardo keine Furcht vor diesen «Beschützern der Lehre» zu haben. Mit den Masken der frühen tibetischen Könige werden dagegen religionsgeschichtliche Ereignisse dargestellt. Die «Herren der Leichenäcker» rufen den Zuschauern in der Form tanzender Skelette die Vergänglichkeit ihres Daseins in Erinnerung. Das Wirken der dunklen Mächte soll gebannt werden durch Herbeirufen der Schutzgottheiten, die während der Tänze von den Masken und ihren Trägern Besitz ergreifen. Deshalb sind die Tänzer in Tibet ausschließlich Mönche, die zuweilen beträchtliche Lasten zu bewegen und damit eine schwierige Aufgabe zu bewältigen haben, zumal sie sich in ihren Schritten und Tanzbewegungen an feste Vorschriften halten müssen. Vor allem die Gewänder der Schutzgottheiten werden immer wieder von ehrfurchtsvoll sich nähernden Pilgern mit Khatag-Schleifen behängt, mit denen ihnen gehuldigt und um ihren Segen gebeten wird.

Bei den Zuschauern besonders beliebt sind die Spaßmacher, die mit ihren Einlagen die in aller Regel lang andauernden Ritualtänze auflockern. Da werden nicht am Tanz teilnehmende Mönche von Wächterfiguren eingefangen, die darauf achten, daß der Kreis der Zuschauer nicht zu eng wird und die Tänzer behindert. Ein anderes Mal parodieren sie den Mönchsalltag, indem sie beispielsweise die gelehrten Disputationen auf komische Weise imitieren. Weitere Spaßmacher sind eher als «Politsatire» aufzufassen – wie jene rundlichen weißen Masken, welche die chinesischen Verwaltungsbeamten ins Lächerliche ziehen.

Ritueller Höhepunkt des Cham ist eine Art «Entsühnungszeremonie». Sie soll im jährlichen Rhythmus dazu beitragen, daß das Dasein gereinigt und der Mensch von seinen Lastern befreit wird. Die guten und helfenden Gottheiten sucht man durch Opfer und ihnen gewidmete Riten zu stärken, während die finsteren Mächte gebannt und überwunden werden sollen. Symbolische Darstellung findet dies in der Zerstörung einer Torma (Opferkuchen)- bzw. Lehmfigur, in welche die dunklen Aspekte des Seins zuvor gebannt wurden: In allmählich enger werdenden magischen Kreisen umtanzt ein Dharmapala («Beschützer der Lehre») oder ein Schwarzhutträger diese Linka («Merkmal») genannte Figur, wirbelt immer wilder und heftiger um sie herum, bis er sie schließlich mit seinem Schwert zerschlägt und damit die versammelten Menschen entsühnt. Abschließend erscheinen noch einmal die «Herren der Leichenäcker» auf dem Schauplatz, nach und nach tauchen die Masken der Dharmapalas und weitere Gestalten auf – und mit ihnen wieder neue Übel. Der ewige Kreislauf beginnt von neuem.

Maskentänze im Kloster Tashilhunpo bei Shigatse: Tanzende Skelette (oben) verweisen auf die Vergänglichkeit des irdischen Lebens; Tänzer bei der Vorbereitung einer Sühnezeremonie (Mitte); der Schwarzhuttänzer (unten) erinnert an die Ermordung von König Langdarma, einem gnadenlosen Verfolger der Buddhisten, durch einen Eremiten im Jahr 842.

Kloster im nordosttibetischen Rongwo-Tal. Hier hat sich die Wutun- oder Rebkong-Malerei entwickelt, ein sehr detaillierter, feiner Malstil, der sich über weite Teile Ostasiens verbreitet hat.

zu wollen, bestärkt haben. Der mehrere Monate dauernde Einmarsch kommunistischer Truppen in Tibet lief zunächst mit erstaunlich wenigen Kampfhandlungen ab. Verhandlungen mit Peking führten zu dem «17-Punkte-Abkommen» für «die friedliche Befreiung Tibets», das den Tibetern unter anderem Religionsfreiheit und Schutz der Klöster zusicherte. Am 9. September 1951 marschierte die chinesische Armee in Lhasa ein. Als sich China nicht an seine Versprechen hielt, revoltierten zunächst die Khampas in Osttibet; im März 1959 griffen die Unruhen auf Lhasa und Zentraltibet über. Nachdem chinesische Truppen den Aufstand niedergeschlagen hatten, floh der Dalai Lama nach Indien, etwa 50 000 bis 100 000 Tibeter folgten ihm ins Exil. Erst die allmählich zunehmende Einmischung in das tibetische Gesellschaftssystem – die sogenannten «demokratischen Reformen», die sich über Säkularisierungen und vermehrt auch Zerstörung von tibetischen Klöstern äußerten – hatte die verschiedene Interessen verfolgenden divergenten Kräfte in ganz Tibet so weit gebracht, daß sie gemeinsam den Widerstand formierten. Daß dessen Niederschlagung und der weitere Kampf in eine Zeit fiel, in der die machtpolitischen Auseinandersetzungen in der jungen Volksrepublik China ein immer größeres und unkontrollierbares Ausmaß annahmen, kann man als besondere Ironie des tibetischen Schicksals auffassen. Denn damit hatten die Tibeter nicht allein den Kampf gegen die Besatzungsmacht und deren umwälzende soziopolitische wie ökonomische Einflußnahme auszufechten, sondern sie litten darüber hinaus unter den Auswirkungen des Schlagabtausches der unterschiedlichen politischen Kräfte Chinas.

Gebetsmühlengang im Kloster Labrang, Amdo. Die Gebetszylinder werden im Uhrzeigersinn gedreht, denn man glaubt, daß so die unzähligen, auf Papierstreifen geschriebenen Gebete im Inneren gesprochen werden.

Blick auf das Shachung-Kloster in Tsongkha. In dieser Region in Nordosttibet wurde 1357 der große Reformator Tsongkhapa («der Mann aus dem Zwiebeltal») geboren. Er gründete den Gelugpa-Orden – heute die wichtigste Lehrrichtung in Tibet –, dem auch der (ebenfalls hier in der Nähe geborene) 14. Dalai Lama angehört.

In der «Großen proletarischen Kulturrevolution» stand Tibet plötzlich zwischen und an allen Fronten und mußte dafür büßen, daß es weder gelungen war, die eigene politische Stagnation zu überwinden, noch den gesellschaftlichen Ballast überkommener Werte und reaktionärer Kräfte, den China in einer jahrtausendelangen Geschichte angesammelt hatte, quasi über Nacht abzustreifen. In geschickter Ausnutzung der gesellschaftlichen Spannungen, die es auch im alten Tibet gegeben hatte, fegten sogenannte Rotgardisten in einem gewaltigen Feuersturm Tausende von Klöstern hinweg und beanspruchten, die Tibeter von einer Last zu befreien, welche die meisten von ihnen noch gar nicht als solche zu sehen bereit waren. Wenngleich im 20. Jahrhundert allmählich ein Reformbedürfnis aufgekommen war, so hatten es die Dogmatik eines Mao Zedong und der grausame Psychoterror durch die Roten Garden zu zerschlagen gewußt.

EIN VOLK RICHTET SICH WIEDER AUF

Im Gegensatz zu heute, wo in den ländlichen Gebieten, in abgelegenen Tälern abseits der Städte, das politische Tagesgeschäft mit den durch die chinesische Überfremdung in Lhasa geschaffenen Spannungen kaum wahrgenommen wird, hatte die Kulturrevolution in sämtliche Lebensbereiche eines jeden Tibeters eingegriffen. Selbst der nomadischen Hirten hatte man Herr werden wollen, indem sie in aus dem Boden gestampften Barackensiedlungen in der Steppe kaserniert wurden. Der Versuch ihrer Seßhaftmachung sowie

Ein Mönch übt sich in der Nähe des Klosters Labrang im Blasen der Radong-Langtrompete.

das den Bauern durch eine völlig verfehlte Wirtschaftspolitik aufgezwungene veränderte Anbaugefüge führten zusammen mit der überforderten Planwirtschaft zur ersten größeren Hungersnot in Tibet, die unzählige Todesopfer forderte. Vor dem Hintergrund der Terrorisierung durch politische Aktivisten, die in ihrem verblendeten, idealistischen Dogmatismus völlig das Machbare aus den Augen verloren, und anhaltender Machtkämpfe konnte sich der Überlebenswille der Tibeter nur in Widerstand äußern. Allein, ein kleines Volk von wenigen Millionen Mitgliedern hatte gegenüber der Milliardennation China keine Chance auf Abschütteln der Besatzungsmacht. Da ganz China unter ähnlichen Bedingungen litt, griff der gegen Ende der siebziger Jahre in Peking sich breitmachende Pragmatismus auch auf Tibet über. Nach dem katastrophalen Zustandsbericht der ersten Delegation des 14. Dalai Lama brach 1980 der damalige Führer der Kommunistischen Partei Chinas, Hu Yaobang, mit einer Abordnung nach Tibet auf. Selbst er kam nicht umhin, die Zustände in Tibet als schlimm zu bezeichnen, so daß in wirtschaftlicher Hinsicht und, etwas zögerlicher, auch auf dem religiösen Sektor die Zügel gelockert wurden.

Decken- und Wandmalerei im Kloster Magön in dem Städtchen Draya südlich von Chamdo.

Mönche restaurieren eine Dharmapala-Statue, einen »Beschützer der Lehre«, im Kloster Jyekundo im äußersten Norden Khams.

Die Auflösung der unter Zwang eingerichteten Volkskommunen ermöglicht es den Bauern seither, wieder selbständig zu wirtschaften, ebenso wie weit über eine Million Nomaden ihre Weidegründe heute wieder in traditioneller Weise nutzen. In althergebrachter Manier ergänzen sich Viehzüchter und Ackerbauern, indem sie vom anderen das eintauschen, was sie selbst benötigen bzw. es sich über die Märkte einkaufen. Daß dort heutzutage andere, früher nicht angebotene Güter ebenfalls auftauchen, hat dabei nicht nur sein Gutes, denn seit der wirtschaftlichen Liberalisierung wird häufig das Ansteigen des allgemeinen Preisniveaus beklagt. Die Masse derer, die ohnehin weitab der Städte in Subsistenz leben, nimmt dies kaum zur Kenntnis. Und wenn auf der einen Seite die Bauern ärmerer Gegenden zu den Verlierern dieser Verhältnisse zählen, ist zum anderen nicht zu übersehen, daß es beispielsweise die Nomaden in Amdo, die das wertvolle Fleisch ihrer Tiere in den östlich anschließenden, bevölkerungsreichen chinesischen Provinzen absetzen können, und die Bauern auf den guten Böden durchaus wieder zu einem gewissen Wohlstand bringen.

Bild der Ushnishavijaya im Kumbum-Chörten von Gyantse. Die dreigesichtige, vielarmige Gottheit wird besonders verehrt, weil sie ein langes Leben gewähren kann.

DAS KLOSTER ALS KULTURELLER FOKUS

Die allmähliche Verbesserung der wirtschaftlichen Situation Tibets schlägt sich optisch in wiederaufgebauten Klosteranlagen und restaurierten Tempeln nieder, deren Ausstattung überwiegend aus Spendengeldern

Arbeit an einer Malerei im Kloster Jyekundo. Kunst steht in Tibet fast immer im Dienst der Religion. Bilder dienen der Darstellung der buddhistischen Lehre oder als Meditationsgrundlage.

Mönche des Magön-Klosters beim Sortieren von Äpfeln. Im Hintergrund die wilde Gebirgslandschaft um die Mekong-Schlucht.

Ziegenherden im oberen Tal des Mekong bei Nangchen in Nord-Kham.

Blick über die grandiose Gebirgswelt in der Region Dege, Kham.

finanziert wird. Gab es zu Beginn der achtziger Jahre vielleicht nur wenige hundert Mönche, die in die zwei Dutzend (!) unzerstört gebliebenen Klöster zurückkehrten, so ist der lamaistische Klerus inzwischen wieder stark angewachsen. Mit der stetig zunehmenden Zahl von – natürlich längst nicht ausreichend ausgebildeten – Mönchen ist das religiöse Leben der Tibeter in über tausend Klöster zurückgekehrt.

Klöster sind das Rückgrat des Lamaismus, dessen monastische Tradition ohne entsprechende religiöse Zentren nicht aufrechterhalten werden könnte. Heute ist das Kloster wieder die wichtigste «kulturelle Äußerung» der tibetischen Gesellschaft, und so steht es dauerhaft im Mittelpunkt ihres kulturellen Lebens. Hier werden die Lehren, in die Kenntnisse und Weisheit von Generationen von Lamas und Yogis eingegangen sind, von den Meistern an ihre Schüler weitergegeben. In den Klöstern erhalten die einfachen Gläubigen neben dem Segen dieser Lamas eine grundlegende Form von Unterweisung: durch die Thangkas (religiöse Rollbilder) und Wandmalereien, die buddhistische Inhalte anschaulich darstellen, oder durch farbenprächtige Maskentänze zu festlichen Anlässen, in denen Pilgern solche Lehrinhalte tänzerisch nahegebracht werden (siehe Seite 49). Für die bedeutendsten Ereignisse im Leben rufen die Tibeter Mönche aus dem Kloster, um entsprechende Weihe- oder Segnungszeremonien bei Geburt, Hochzeit oder Tod abzuhalten. Früher wie heute machen die hierfür erhaltenen Geldbeträge einen beträchtlichen Teil der Klostereinnahmen aus.

Klöster als Wirtschaftseinheiten haben die gleichen Rechte wie Firmen oder Einzelpersonen. Daher können sie ökonomische Aktivitäten entwickeln, und dort, wo sie eine glückliche Hand beweisen, drückt sich dies in der künstlerischen Ausgestaltung ebenso aus wie in der Zahl der Insassen des Klosters. Eines der leuchtendsten Beispiele dieser Art ist das Großkloster Tashilhunpo in Shigatse, das im Besitz einer Handelsgesellschaft, einer Teppichfaktorei, eines Gästehauses, von Lastwagen und anderem mehr ist und mit seinen über 800 Mönchen als der größte «Arbeitgeber» in Tibets zweitgrößter Stadt betrachtet werden könnte. Rechtsgarantien erstrecken sich dagegen in keinster Weise auf politische Aktivitäten, und selbst im religiösen Bereich sind Unsicherheiten in einer Grauzone nicht zu übersehen. Wenn etwas politisch unerwünscht ist, irgendwo keine Mitsprache geduldet wird, werden sehr schnell die wichtigen Gremien von den Behörden übergangen, wie die häßlichen Entwicklungen bei der Auffindung der neuen Panchen-Lama-Inkarnation im Jahr 1995 gezeigt haben, als dem von den Exiltibetern bereits anerkannten Kandidaten ein neuer, den chinesischen Wünschen entsprechender Panchen Lama vorgeschoben wurde.

DER EINZUG DER MODERNE – AUF DER SUCHE NACH DEM SHANGRI LA

Die politischen Entwicklungen seit der Mitte unseres Jahrhunderts haben das Schneeland mit seiner feudalen Grundstruktur und seinem mystisch-magischen Weltbild innerhalb kürzester Zeit von einer mittelalterlich geprägten Umwelt ins kalte Industriezeitalter katapultiert. Als es 1904 bei Gyantse zur Schlacht zwischen tibetischen und englischen Truppen kam, hielten sich

Nomade in Amdo. Der Yak dient den Tibetern als Reit-, Zug- und Tragtier, sein dichtes Haar wird zu Wolle versponnen und zu Kleidern, Zelten und Stricken verarbeitet, aus seiner Haut lassen sich Schuhe und Boote fertigen, aus den Hörnern Trinkgefäße und Pulverbehälter. Und – Yakdung ist das wichtigste Brennmaterial im holzarmen Tibet.

die Tibeter, die mit Pfeil und Bogen gegen die mit modernsten Gewehren ausgerüsteten Briten antraten, aufgrund des Segens ihrer Lamas für unverwundbar. Die damals geschlagenen Wunden werden bis heute auf vielfältige Weise wiederaufgerissen. Noch immer suchen viele Tibeter ihre nationale Identität in dem theokratischen Staat der Dalai Lamas. Zwar sind im Exil demokratische Reformen durchgeführt und entsprechende Institutionen geschaffen worden; angesichts einer jungen Generation aber, die zwar eine dem Westen vergleichbare wirtschaftliche Entwicklung will, aber gleichzeitig den Bau von Kraftwerken oder Industrieansiedlungen als die Gefühle und Traditionen der Tibeter verletzend verteufelt, versprechen sich die Probleme des Schneelandes noch lange zu konservieren.

Junge Mönche im Kloster Litang. In Tibet war es üblich, mindestens einen Sohn – meist im Alter von acht bis zehn Jahren – in ein Kloster zu schicken, das seine schulische und religiöse Ausbildung übernahm; manche Klöster hatten bis zu 10 000 Mönche. Heute ist die Zahl der Mönche staatlich limitiert. Je nach politischer Wetterlage werden überzählige Novizen weggeschickt oder stillschweigend akzeptiert.

Es bleibt unbestritten, daß viele der in Lhasa durchgeführten Projekte wie der Bau von Luxushotels, repräsentativen Theater- und Sportgebäuden weder für Tibet notwendig waren noch den Tibetern selbst nützen. Gäbe es wirklich demokratische Mitbestimmung – ein wesentlicher Schritt, der noch lange vor je möglichen Gesprächen über Unabhängigkeit anstünde –, dann wären solche Mammutprojekte nicht zur Durchführung gelangt. Bei der Beurteilung der Nützlichkeit des Ausbaus von Bewässerungs- und Kraftwerksanlagen und der Notwendigkeit teurer Restaurierungsarbeiten sollten wir uns mit unseren Zweifeln jedoch zurückhalten. In Zeiten, wo neben den traditionellen schwarzen Yakhaarzelten Motorräder und Lastwagen den Mobilitätsanspruch der Nomaden betonen, können nicht wir es sein, die Tibet weiterhin das Dasein eines zivilisationsfernen «Shangri La» – eines irdischen Paradieses inmitten der Welt – abverlangen. Viele der großen Probleme Tibets sind von außen an das Land herangetragen worden, sind aus China – und dem Westen – über es hereingebrochen; aber genauso viele Schwierigkeiten kommen von innen.

Deren Lösung gemeinsam mit den Chinesen anzugehen, haben manche Tibeter versucht. Wenn es nicht gelingt, glauben die tibetischen Buddhisten, es sei auf in vergangenen Leben erworbenes schlechtes Karma zurückzuführen. Der um Vermittlung bemühte 14. Dalai Lama weiß nicht nur um die Zerstörung von Altertümern, Folter und um politische Gefangene der Chinesen, er kennt auch die überkommenen Probleme seines Landes – wie dürftige Hygiene, Krankheit, Überweidung, Erosion, Abholzung sowie die Spannungen zwischen Arm und Reich. Andere machen die zahlreichen Geister, die noch immer am Grund dämonischer Seen oder auf Bergesanhöhen hausen, für die Schwierigkeiten verantwortlich. Daher sind die Menschen weiterhin bemüht, die Geister durch kleine Opfergaben zu besänftigen. Als solche zeugen die *Latses* allerorten von der Hoffnung auf Besserung. Sie sind Steinsetzungen, die diesen Wesen nach schamanistischer Vorstellung als Wohnsitz und Sammelpunkt dienen. Bis heute werden als heilig geltende Plätze von den Tibetern mit diesen Steinhäufchen geschmückt, damit die lokalen Geister gnädig gestimmt sind und dem Reisenden Schutz gewähren, mindestens aber ihn unbehelligt lassen. Den Ortsansässigen aber sind sie Mahnung, ihr Leben mit Rücksicht auf ihre Umwelt zu gestalten – sowohl an die Natur zu denken als auch an die Mitmenschen, aber ebenso an die Geister und Dämonen auf dem Grund der Gewässer, in der Politik und auf den Bergesgipfeln.

Mönche beim Musizieren im Klosterhof von Batang. Neben dem Lehren der heiligen Schriften und der Unterrichtung in buddhistischer Logik und Disputation werden die Novizen auch musikalisch geschult – sind doch Blas- und Schlaginstrumente ein wichtiger Bestandteil vieler religiöser Zeremonien.

Das Dorf Maniganggo in Kham vor der großartigen Kulisse der Chola-Kangri-Ketten.

DATEN · FAKTEN · ZAHLEN

GEOGRAPHISCHE AUSDEHNUNG. Im Süden des Landes, nahe den gewaltigen Bergketten des Himalaya, erscheint Tibet als eine sich in alle Himmelsrichtungen endlos erstreckende grandiose Gebirgslandschaft. Nur selten wird realisiert, daß der größte Teil des – je nach Abgrenzung – zwei bis drei Millionen Quadratkilometer großen Hochlandes von weitläufigen Hochplateaus geprägt wird. Die im Herzen Tibets sich ausdehnenden Gebirgssteppen und -wüstensteppen, wegen ihrer Lage nördlich der Hauptstadt Lhasa Changthang, «Nördliche Ebenen», genannt, heben die durchschnittliche Höhe des in seinen wichtigsten Ackerbautälern um 3500 bis 4000 Meter liegenden Hochlandes auf nahezu 5000 Meter an.

Mitte links: Ein Dolmetscher verliest den Tibetern in Lhasa im April 1959 die Beschlüsse Pekings zur Bildung einer neuen Regierung.

PFLANZEN- UND TIERWELT. Entsprechend seiner gewaltigen Ausdehnung finden sich sehr unterschiedliche Vegetationszonen, die von einer üppigen Baum- und Strauchvegetation im äußersten Südosten über herrliche blütenübersäte Wiesen im Süden und feuchten Nordosten (Amdo) zu den kargen Hochlandsteppen im Zentrum des Landes reichen. Der Westen ist sehr trocken, und im extrem niederschlagsarmen Winterhalbjahr herrscht vielerorts der Eindruck der Wüste vor. Wie aus einer anderen Welt wirken im Sommer dagegen die von Edelweiß, gelbem, blauem und blauweißem Enzian übersäten Grasmatten in Amdo oder den feuchteren Hanglagen Zentraltibets.

Ähnliches Erstaunen löst die Tierwelt aus. Natürlich will jeder Reisende in erster Linie die urigen Yaks, die tibetischen Grunzochsen, zu Gesicht und vor die Kamera bekommen – was keine Schwierigkeiten bereitet, da sie zusammen mit den Mischlingsrindern Dzo die klassischen Haustiere der Tibeter sind. Regional können allerdings Schafe, in Westtibet auch Ziegen die Bedeutung der Rinder übertreffen. Die wilden Brüder der Yaks sind nur noch in Rückzugsgebieten wie dem nördlichen Changthang zu finden, wo auch Wildesel und tibetische Gazellen zahlreich angetroffen werden. In himalayanahen Gebieten leben seltene Tiere wie der Pferdesteinbock Takin, die Felsantilope Serai, der Großhirsch Sambar, am Rand Osttibets Große Pandas. Vögel, insbesondere Greifvögel, sieht man auch noch in dichter besiedelten Gebieten. Sie leben von dem reichlich vorhandenen Kleingetier wie Pfeifhasen, Hörnchen und Murmeltieren. Die für die Himmelsbestattung (siehe Seite 72) wichtigen Geier machen sich mancherorts schon rar.

Oben: Der 14. Dalai Lama kämpft seit 1959 vom indischen Exil aus für die Rechte Tibets.

INHALT

Unten: 1904 erzwang sich eine britische Militärexpedition unter der Führung von Colonel Francis Younghusband den Zugang zur «verbotenen Stadt» Lhasa (zeitgenössischer Stich).

Mitte rechts: Ein chinesischer Militärlaster rollt durch ein Dorf in Amdo. In Kham und Amdo war der Widerstand gegen die chinesische Besetzung besonders groß – unzählige junge Männer zogen in die Berge und begannen dort einen erbitterten, wenn auch vergeblichen Guerilla-Krieg.

HISTORISCHE LANDSCHAFTEN UND MODERNE VERWALTUNGSGLIEDERUNG. Was wir aufgrund seiner politischen und kulturhistorischen Bedeutung Zentraltibet nennen, liegt in Südtibet: die beiden tibetischen Provinzen Ü und Tsang, deren Hauptstädte Lhasa respektive Shigatse sind, und Lhoka, die «Südprovinz» mit dem Yarlung-Tal. Nördlich des Transhimalaya, im Changthang, erstrecken sich fast menschenleere Weiten. Im äußersten Westen liegt Ngari, zu dessen Kulturraum das seit Jahrhunderten eigenständige Ladakh zu rechnen wäre. Amdo, das «niedrige Land»,

Im Frühjahr verwandeln sich die Grassteppen von Amdo in einen endlosen Blütenteppich.

liegt im Nordosten des Hochplateaus, während Osttibet im allgemeinen mit Kham gleichgesetzt wird. Das Tsaidam-Wüstenbecken wird meist zu Amdo gezählt, weil dieser mongolische Siedlungsraum im späten chinesischen Kaiserreich mit anderen Teilen Amdos zur Provinz Koko Nor zusammengefaßt war. Ebenso wird Kham oft zu weit gefaßt, da manche Gebiete, wie die ehemals quasiselbständigen Kleinfürstentümer des Gyarong in Tibets äußerstem Osten, durchaus ihre eigene Identität betonen.

Die heutige chinesische Verwaltungsgliederung läßt Tibets historisch gewachsene Strukturen noch erkennen: Die Autonome Region Tibet (AR Tibet) umfaßt in etwa jenen Raum, der in der Zeit von 1913 bis 1950 de facto unabhängig war. Die heutige chinesische Provinz Qinghai, die den größten tibetischen Bevölkerungsanteil außerhalb der AR Tibet beherbergt, deckt sich mit der kaiserzeitlichen Provinz Koko Nor. Daß einige tibetische Siedlungsräume den östlich benachbarten chinesischen Provinzen Gansu, Sichuan und Yunnan unterstellt sind, spiegelt in gewisser Weise die kleinstaatliche Zersplitterung jener Räume wider, wie sie bis ins 20. Jahrhundert herrschte.

Karte des Hochlandes von Tibet, das nach den chinesischen Verwaltungsgrenzen in die Autonome Region Tibet und die Nachbarprovinzen Qinghai, Gansu, Sichuan und Yunnan gegliedert ist. Sie alle haben – unterschiedlich großen – Anteil an den tibetischen Kulturprovinzen Amdo und Kham.

WAS ZÄHLT IN TIBET:
MASSE UND ZAHLEN AUF EINEN BLICK

ZEIT
In Tibet gilt die Pekinger Zeit, das heißt, die Ortszeit in Lhasa ist der Mitteleuropäischen Zeit um sieben Stunden voraus. Während der europäischen Sommerzeit beträgt der Unterschied nur sechs Stunden.

MASSE UND GEWICHTE
Generell wird in Tibet das metrische System benutzt, in ländlichen Gebieten sind jedoch weiterhin traditionelle Maße und Gewichte in Gebrauch.

ELEKTRIZITÄT
Die Versorgung mit Elektrizität ist auch auf dem Land schon erstaunlich weit vorangeschritten. Die Stromspannung beträgt 220 Volt, meistens werden zwei- und dreipolige Stecker benutzt. Da Stromausfälle keine Seltenheit sind, sollte man neben verschiedenen Adaptern auch Kerzen, Feuerzeug, Taschenlampe und genügend Batterien mitführen.

GELD UND ZAHLUNGSMITTEL
Die Währung ist der chinesische Renminbi Yuan (RMB); 1 Yuan = 10 Jiao = 100 Fen. Geldumtausch ist bei der Bank of China mit Filialen in Lhasa, Shigatse und Zhangmu sowie in größeren Hotels möglich; Kreditkarten werden nur in der Zentrale der Bank of China und einigen Hotels in Lhasa akzeptiert.

TIBETS HEILIGSTE BERGE

Kailash	
Ngari/Westtibet	6656 m
Nyenchen Thanglha	
Ü/Zentraltibet	7114 m
Nöjin Kansang	
Tsang/Südtibet	7223 m
Kula Kangri	
Lhodrak/Südtibet	7553 m
Yarlha Shampo	
Yarlung-Tal/Südtibet	6632 m
Takpa Shelri	
Tsari/Südtibet	5735 m
Tseringma	
Zentralhimalaya	7145 m
Amnye Machen	
Amdo/Nordosttibet	6282 m
Minya Konka	
Kham/Osttibet	7556 m
Bönri	
Kongpo/Südosttibet	4685 m
Targo Kangri	
Changthang-Hochland	6572 m

TELEFONIEREN
Telefonieren in Tibet ist nicht unproblematisch. Für vermittelte, aber nicht zustandegekommene Telefonate, die leider sehr häufig sind, muß in Lhasa meist eine Gebühr in Höhe einer einminütigen Verbindung bezahlt werden. Die Vorwahl für Deutschland lautet 0049, für Österreich 0043 und für die Schweiz 0041.

KLIMA

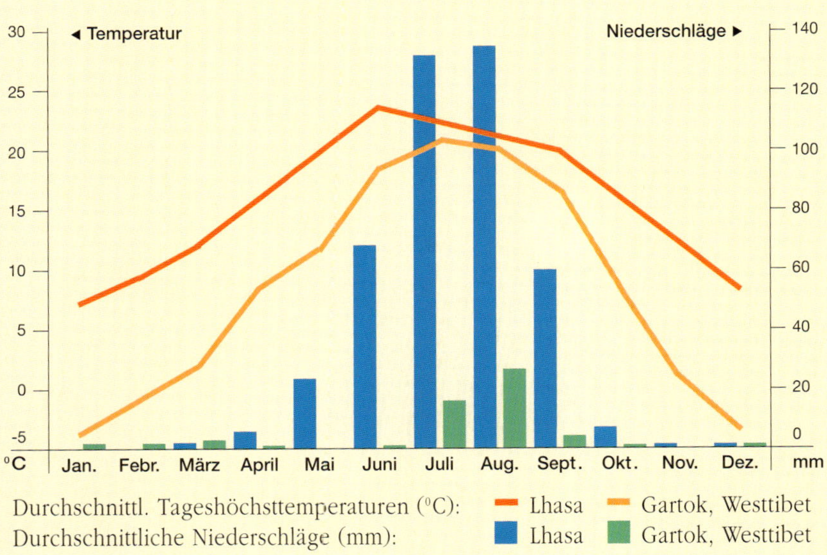

Vor dem Jokhang in Lhasa, dem heiligsten Tempel Tibets, werfen sich die Gläubigen ehrfürchtig zu Boden.

Junge Mönche teilen im osttibetischen Thukchag-Kloster Buttertee aus.

Mönche bei einer Disputation in Sera, bei der streng festgelegte Bewegungen die Wechselreden begleiten.

Tibetische Nomadenfrauen in Amdo. Früher machten Kaufleute und Karawanen einen möglichst großen Bogen um das «Land der Räuber», heute bietet sich dem Reisenden gerade in Amdo die Möglichkeit, fernab vom politisch hochsensiblen Lhasa in relativ entspannter Atmosphäre tibetische Kultur kennenzulernen.

Halb lächelnd, halb mißtrauisch – Kinder in Gongkar, nahe dem internationalen Flughafen bei Lhasa.

VÖLKER UND SPRACHEN. Wie kaum eine andere Gegend der Welt wird Tibet als ethnisch einheitlicher Raum angesehen. Für die Autonome Region Tibet trifft dies – von der oft kritisierten Ansiedlung von Han-Chinesen seit dem chinesischen Einmarsch abgesehen – in hohem Maß zu, für das geographische Hochland insgesamt aber nicht. Im Norden und Nordosten Tibets leben neben Mongolen noch Angehörige altmongolisch- (Tu/ Monguor) und turksprachiger Völker, die teilweise einer lamaistischen Überprägung (Kasachen, Teile der Yugur) oder der Islamisierung bzw. Turkisierung unterlagen (Salar, Bao'an, Dongxiang, Hui). Je nachdem, wie weit ihr Lebensraum auf das Hochland reicht, hängen sie dem tibetischen Buddhismus oder dem Islam an. Einige dieser Völkerschaften umfassen hunderttausend Angehörige oder mehr; lediglich die Hui und Han überbieten – zumindest auf dem nordöstlichen Hochland – die Tibeter an Zahl. In den unter 3000 Meter gelegenen Talschaften finden sich zudem chinesische Siedlungen wie Xining, das vor zwei Jahrtausenden als Garnison gegründet wurde. Mit über einer halben Million Einwohnern – fast ausschließlich Han-Chinesen – ist es heute die größte Stadt auf dem tibetischen Hochland. In den von tiefen Schluchten durchzogenen Gebieten Osttibets haben sich verschiedene ethnische Gruppen, die der tibeto-birmanischen Sprachgruppe zugehören, stockwerkartig übereinander eingerichtet. Am deutlichsten heben sich die Yi (früher Lolo) ab, die wie die Naxi, Moso, Pumi, Nu und Lisu am äußersten Südostrand Tibets leben. Zusammen dürften sie – innerhalb des geographischen Tibet – etwa eine Million Menschen umfassen. Eine Sonderstellung nehmen die rund 120 000 Qiang-Angehörigen ein, die oft als einer der vielen Tibeterstämme Khams betrachtet werden. Ihre Kultur trägt indes deutlich eigene Züge, und ihre tibeto-birmanische Sprache ist ein eigenes Idiom. Das Tibetische selbst weist eine große Zahl untereinander nicht oder schwer verständlicher Dialekte auf.

RELIGIONEN. Der größte Teil der alteingesessenen Bevölkerung ist von den Glaubensvorstellungen und Werten des Lamaismus geprägt. Eine Form des Mahayana-Buddhismus, des sogenannten «Großen Fahrzeugs», ist das «Diamantfahrzeug», das Vajrayana, das sich in der Volksreligion durch einen auffälligen Geisterglauben auszeichnet. Die Magie und Mystizismus generell ablehnende Lama-Geistlichkeit hat dagegen komplizierte philosophische Denksysteme und esoterische Lehren entwickelt. In vielen Hunderten von Klöstern nimmt die Zahl der buddhistischen Mönche und Nonnen seit dem Ende der kulturrevolutionären Verfolgungen (offiziell 1966 – 1978) wieder stark zu. In Zentraltibet allerdings, insbesondere in den alten «Staatsklöstern» Drepung, Sera und Ganden, schränken die Behörden das Anwachsen des Klerus strikt ein. Die alttibetische Bön-Religion, die nur in Rückzugsgebieten Nord- und Osttibets überlebt hat, ist buddhistisch überprägt – wie ja auch der heutige tibetische Buddhismus ohne Aufnahme von Bön-Elementen nicht denkbar wäre. Außer Tibetern sind Mongolen, Tu, Kasachen und Teile der Yugur, Qiang, Naxi, Moso sowie wenige Chinesen bekennende Buddhisten.

Im Nordosten in Amdo und am Nordrand Tibets sind Moslems zahlreich und ausnahmslos durch Turkvölker (Salar, Dongxiang) sowie die seit einem Jahrtausend stark sinisierten Hui vertreten. In Osttibet finden sich unter den Qiang, den Yi, Nu und Lisu zudem animistische und schamanistische Vorstellungen. Der Südosten unterlag bis ins 20. Jahrhundert den Missionsversuchen europäischer und amerikanischer Patres. Im osttibetischen Kangding hatte die katholische Kirche gar einen Bischofssitz für Tibet eingerichtet – zum Christentum ließen sich freilich nur wenige bekehren.

WIRTSCHAFT. Traditionell leben Tibeter von Ackerbau und Viehzucht. Die Bauern produzieren die Gerste für das tägliche Mahl, während die viehzüchtenden Nomaden überwiegend von selbsterzeugten Milch- (Butter, Joghurt, Käse) und Fleischprodukten leben. Die Unwirtlichkeit der großen Höhen hat die Bewohner des Dachs der Welt gezwungen, Ackerbau und Viehzucht durch Handel zu ergänzen. Vor allem die Wolle der Weidetiere (Yaks, Schafe, Ziegen) und deren Leder sowie das im Changthang abgebaute Salz und aus Tibets Nachbarregionen nachgefragte Güter wie Tee und Seide waren traditionelle Handelswaren der Kaufleute. Heutzutage umfaßt die Palette der Handelsgüter fast alles, was bewegt werden kann. Die wiederauflebende Klosterkultur hat vielerorts dem Devotionalienhandel einen vorderen Platz eingeräumt. In alter Zeit erwirtschaftete Überschüsse wurden fast ausschließlich in repräsentative Bauten investiert, in herrschaftliche Residenzen, Tempel und Klöster. Dem Kunsthandwerk war dies zwar förderlich, der industriellen Entwicklung des Landes nicht. Die wenigen Projekte zur Energiegewinnung, wie beispielsweise das Wasserkraftwerk am Yamdrok-See südwestlich von Lhasa, kollidieren zudem mit traditionellen und religiösen Wertvorstellungen. Im waldreichen Südosten Tibets gilt den Chinesen die Forstwirtschaft als größtes Wirtschaftspotential, was in weiten Gebieten zu übermäßiger Abholzung geführt hat.

1

TOURISMUS. In den letzten zwei Jahrzehnten ist der Tourismus zu einem wichtigen Wirtschaftsfaktor geworden, auch wenn episodische politische Unruhen immer wieder zur Sperrung Zentraltibets führten. Nach Beruhigung der Lage sind Reisen nach Tibet meist schnell wieder möglich. Die für Touristen offenen Gebiete in Amdo sind von der restriktiven Politik in aller Regel nicht betroffen. Einkünfte aus dem Tourismus sind vor allem wegen der Notwendigkeit, für die sogenannten »nicht-geöffneten« Gebiete, die den größten Teil Tibets ausmachen, über offizielle Reisebüros Genehmigungen und Arrangements einzuholen, ein wichtiger Teil des überwiegend defizitären Staatshaushaltes der AR Tibet. Die Gewinne reichen allerdings nicht für Wiederaufbau und Restaurierung zerstörter bzw. die laufenden Kosten erhaltener und wiedereröffneter Kulturdenkmäler.

AUSKUNFT

Für touristische Informationen über Tibet ist das *Fremdenverkehrsamt der Volksrepublik China*, Ilkenhansstraße 6, D-60433 Frankfurt/Main, zuständig. Darüber hinaus gibt es – insbesondere bei Fragen der Kultur, Religion und Politik – eine große Zahl von exiltibetischen Institutionen und Vereine für Tibetfreunde, die bereitwillig ausführliches Informationsmaterial liefern. Stellvertretend genannt seien hier: *Deutsch-Tibetische Kulturgesellschaft*, Fritz-Pullig-Straße 28, D-53757 Sankt Augustin; *Deutsche Tibethilfe*, Wrangelstraße 19, D-20253 Hamburg; *Tibet Information Service*, Florastraße 22, D-40764 Langenfeld und *Verein zur Förderung der Kultur Tibets*, Gernotstraße 8, D-80804 München.

In der Schweiz ist die *Gesellschaft Schweizerisch-Tibetische Freundschaft*, Postfach 1523, CH-8640 Rapperswil, zu empfehlen und natürlich die offizielle Vertretung der vom Dalai Lama angeführten Exilregierung: *Office of Tibet (Switzerland)*, Waffenplatzstraße 10, CH-8002 Zürich.

3

2

1 *Ein typisches, aus dunkler Yakwolle gewebtes Nomadenzelt in Ngari, Westtibet.*

2 *Eine Schafherde überquert eine Brücke bei Tsogang. Nach dem Monsunregen im Sommer verwandeln sich die Bäche und Flüsse in Kham in reißende Ströme, viele Dörfer sind dann tagelang von ihrer Umwelt abgeschnitten.*

3 *Der Manasarovar-See südlich des Kailash ist nicht nur den Buddhisten, sondern auch den Hindus heilig – 1948 wurde ein Teil der Asche von Mahatma Gandhi in seine Fluten gestreut.*

4

4 *Reiter bei Xiewu im Norden Khams, die ihre Gesichter mit Tüchern gegen Wind, Sonne und Staub schützen.*

5 *Ein Kailash-Pilger befestigt eine Gebetsfahne am Paß Dölma La und dankt der barmherzigen Göttin Dölma für ihre Hilfe.*

ANREISE

Je nachdem, welchen Teil des Hochlandes man besuchen will, ist Kathmandu oder Peking das erste Flugziel. Über die Hauptstadt Nepals erreicht man Lhasa am schnellsten. Auf dem Landweg von Kathmandu gelangt man innerhalb eines Tages an die nepalesisch-chinesische Grenze in Kodari-Zhangmu. Flugverbindungen von China aus erfordern – gleich ob von Hongkong, Peking oder einer anderen chinesischen Stadt – fast immer ein Umsteigen in der Provinzhauptstadt Sichuans, Chengdu. Von dort gibt es täglich Maschinen in die tibetische Hauptstadt. Von Chengdu aus erreicht man auf dem Landweg in kurzer Zeit den Ostrand des tibetischen Hochlandes. Xining in Nordosttibet wird von Peking dreimal wöchentlich, von Xi'an täglich direkt angeflogen. Ansonsten gibt es von vielen Städten Chinas die Möglichkeit, nach Lanzhou in Gansu zu fliegen und von dort per Auto nach Xining und Labrang in Amdo weiterzufahren. Von der Seidenstraße gehen offiziell zwei den Touristen offenstehende Überlandstrecken aufs Dach der Welt: von Kashgar in Xinjiang zum westtibetischen Kailash oder – weniger häufig bereist – die Fahrt von Dunhuang durch den Gebirgszug Qilian Shan ins Wüstenbecken des Tsaidam hinüber. Von Golmud gibt es Busverbindungen nach Lhasa und Xining. In Richtung Südosttibet gelangt man am schnellsten über Kunming, die Hauptstadt Yunnans, die mit ihrem internationalen Flughafen von Bangkok, Hongkong und Rangoon direkt zu erreichen ist. Die 1995 eingeweihten Flugplätze in Dali und Lijiang bringen Reisende inzwischen bis auf wenige Stunden Autofahrt an die tibetischen Siedlungsgebiete Nordwest-Yunnans heran.

EINREISEBESTIMMUNGEN

Für Tibet sind Visa zur Einreise in die Volksrepublik China notwendig, die bei den diplomatischen Vertretungen angefragt werden müssen. In den noch mindestens sechs Monaten gültigen Reisepaß werden Touristenvisa mit einer Gültigkeit von ein bis drei Monaten eingestempelt, die von Polizeibehörden größerer Touristenorte verlängert werden können. In *Deutschland* unterhält die VR China eine Botschaft in 53177 Bonn (Kurfürstenallee 12, Tel. 02 28 / 36 10 95) sowie ein Generalkonsulat in 22605 Hamburg (Elbchaussee 268, Tel. 040 / 82 27 60).

In *Österreich:* Metternichgasse 4, 1030 Wien, Tel. 01 / 7 14 31 49; in der *Schweiz:* Kalcheggweg 10, 3006 Bern, Tel. 031 / 3 52 73 33. Für viele Regionen in Tibet sind aufwendige Sondergenehmigungen erforderlich. In Zentraltibet sind – je nach politischer Wetterlage – Lhasa, Nagchu, Shigatse, Gyantse, Tsetang, Shekar und Zhangmu frei zu bereisen; in Amdo Xining, die Wüstenstadt Golmud und die Klöster Labrang und Kumbum sowie die Orte um den See Koko Nor; außerdem die Kreisstädte Gonghe, Datong, Ping'an, Ledu, Minhe, Hualong, Xunhua, Jianzha und Tongren in Gansu. In Osttibet sind der Hailuogou-Naturpark und einige Kreise in der Präfektur Ngawa (Wenchuan, Maowen, Ma'erkang, Songpan, Nanping) offiziell frei zugänglich. Über den aktuellen Stand unterrichten die diplomatischen Vertretungen bzw. zuständigen Polizeibehörden.

5

TREKKING IN TIBET

Wie die Tibeter den heiligen Berg Kailash zu umrunden, war die erste Möglichkeit für Ausländer, in Tibet zu trekken. Nach tagelanger Anfahrt bis Darchen, dem Startpunkt für den Parikrama (rituelle Umwandlung), führt der Pfad zunächst am Fuß der vorgelagerten Hügel westwärts in ein Tal. Hier bietet sich der erste faszinierende Blick auf die Spitze des Götterberges. Für die rund 55 Kilometer der Umrundung, die manche Tibeter in einem Tag bewältigen, sollte man drei Tage ansetzen, zumal unterwegs der Paß Dölma La mit über 5500 Höhenmetern zu überwinden ist. Eine andere, inzwischen vielbegangene Trekkingroute ist die fünftägige Wanderung von Tingri (an der Strecke Shigatse – Nepal) zum in der Nähe des Everest Base Camp gelegenen Rongbuk-Kloster. In einzigartiger Lage auf über 5000 Meter, umgeben von schroffen Felsen, gewaltigen Schotterhängen und nahe dem Rongbuk-Gletscher, wacht hier eine kleine Zahl von Mönchen über die Geister der Bergwelt.

KLIMA UND REISEZEIT

Die riesige Landmasse Innerasiens prägt das Klima Tibets. Die extrem trockenen, niederschlagsarmen Winter gehen in drei relativ feuchte Sommermonate über. Im

Süden Tibets sind dann die indischen Monsune wetterbestimmend, während sich in Amdo und Kham der ostasiatische Monsun auswirkt und reichlich Regen bringt. Gleichwohl sind diese feuchten Monate als Reisezeit beliebt, weil sie das Land zum Ergrünen und Erblühen bringen. Von Witterung und Straßenverhältnissen her am wenigsten problematisch sind die warmen Übergangsjahreszeiten im Mai sowie im September und Oktober. Lediglich die hochgelegenen Gebiete Changthang und Westtibet sind dann schon recht kühl; im Winter werden sie aufgrund extrem niedriger Temperaturen und enormer Windgeschwindigkeiten unerträglich. Temperaturverhältnisse in Tibet hängen eklatant von der Höhenlage ab, die sehr große Schwankungen zwischen Tag und Nacht mit sich bringt. Aber auch schon das bloße Aufkommen von Bewölkung kann das Gefühl vermitteln, vom Sommer in den Winter zu geraten. Freilich machen gerade Wechselhaftigkeit und schnell sich verändernde Stimmungen den besonderen Reiz der tibetischen Landschaft aus.

Alte Überlandbusse sind in weiten Teilen Tibets das »modernste« Fortbewegungsmittel für Einheimische und Touristen.

GESUNDHEIT

Wie an vielen Orten der Welt empfiehlt es sich auch in Tibet nicht, Leitungswasser zu trinken und rohes, ungeschältes Obst und Gemüse zu essen – vor allem nicht in Städten. In einsamen Landstrichen und großen Höhenlagen verringern sich die hygienischen Probleme, allerdings ist dann eine vernünftige Höhenanpassung um so wichtiger. Es gilt der altbewährte Rat, sich nicht zu verausgaben und sich ausreichend Flüssigkeit (Suppen, Brühe, Wasser) »einzuflößen«. Unbedingt vermeiden sollte man, eine Krankheit in große Höhen zu verschleppen. Über die auch bei uns üblichen Impfungen hinaus sind keine weiteren notwendig. In Lhasa, das auf 3650 Meter liegt, ist man auf die Krankenversorgung ausländischer Gäste eingestellt, und in den meisten Kreisorten gibt es ebenfalls eine medizinische Grundversorgung – man darf jedoch keine europäischen Standards erwarten. Bekommt man die Höhenkrankheit – hierzu empfiehlt sich die vorbeugende Konsultation erfahrener Ärzte –, muß man so schnell wie möglich in tiefergelegene Gefilde hinabfahren bzw. -fliegen.

Ausgangspunkt für eine Umwanderung des Kailash ist Darchen. Im Hintergrund des winzigen Ortes erhebt sich die 7739 Meter hohe Gurla Mandata.

IN TIBETS WEITEN UNTERWEGS

Auf dem Dach der Welt sind bei schwierigen Wegeverhältnissen große Strecken zu überwinden und Reisen daher mühsam und oft strapaziös. Zwar können die Orte Lhasa, Chamdo, Golmud und Xining angeflogen werden, doch aufgrund mangelnder tibetischer Binnenflugverbindungen bewegt man sich dann fast ausschließlich über Land fort.

BAHN. Es gibt eine einzige Bahnlinie auf das tibetische Hochland. Sie zweigt in Lanzhou (Provinz Gansu) von der Seidenstraße ab und führt im Tal des Flusses Huang Shui nach Xining. Von der Hauptstadt der Provinz Qinghai führt eine Hauptstrecke westwärts am Koko Nor vorbei. Sie wird als »Transtibetische Eisenbahn« *(Qing-Zang tielu)* bezeichnet, endet allerdings bislang in Golmud – knapp 1200 Kilometer vor Lhasa.

BUS UND PKW. Die stärker besiedelten Gebiete in Zentraltibet, im östlichen Amdo und Kham sind durch ein mehr oder weniger dichtes Busnetz erschlossen. Innerhalb Amdos und zwischen den Städten Lhasa, Shigatse, Gyantse und Tsetang verkehren mehrmals täglich staatliche Linienbusse. Auf stark frequentierten Strecken fahren zudem kleine Privatbusse. In Gansu und Sichuan muß man eine chinesische Unfallversicherung abschließen, bevor man eine Fahrkarte löst. Abgelegene Orte, die schwierig zu erlangender bzw. teurer behördlicher Genehmigungen bedürfen, werden nur sehr selten (mehrmals monatlich) von Bussen angefahren; sie sind daher nur mit angemieteten Jeeps oder, wenn sich eine Mitfahrgelegenheit bietet, mit Lastwagen zu erreichen.

NICHTMOTORISIERT. In Lhasa und einigen touristischen Zentren gibt es Fahrräder zu mieten, mit denen man das Umland erkunden kann. In den letzten Jahren hat es sich als relativ problemlos erwiesen, mit einem Fahrrad einzureisen. Da dies eigentlich außerhalb der behördlichen Vorschriften liegt, muß jederzeit damit gerechnet werden, daß unkontrolliertes Radfahren im Land unterbunden wird. Nur im Ausnahmefall gibt es die Gelegenheit, Pferde zu mieten oder gar mit einer Yakkarawane mitzuziehen. Bei Erstlingsreisen auf das Dach der Welt ist davon ohnehin abzuraten. In der Umgebung der Klöster lassen sich oft sehr schöne Wanderungen machen, die einzigartige Begegnungen mit Land und Leuten ermöglichen. Trekking- und Bergsteigemöglichkeiten sind im Vergleich zu Nepal stark eingeschränkt, werden aber über verschiedene Veranstalter angeboten. Zum Bergsteigen braucht man teure Genehmigungen, die man über die *Mountaineering Association of the Tibet Autonomous Region* (No. 8, East Lingkhor Road, Lhasa, Tibet/VR China; Fax 08 91 / 2 63 66) besorgen muß. Nähere Auskünfte gibt auch der *Summit Club* des Deutschen Alpenvereins (DAV), Am Perlacher Forst 186, 81545 München, Tel. 089 / 65 10 72 - 0.

Links oben: Mit heiligen Texten beschriftete Manisteine bei Maniganggo.

Links unten: Piste in der Nähe von Shekar, dem Ausgangsort für Expeditionen zum Everest Base Camp.

Rechts oben: Nur wer zu Fuß den Kailash umwandert, wird von seinen Sünden befreit.

Rechts unten: Khampa in Riwoche. Dieser Volksstamm aus Osttibet ist oft an den ins Haar geflochtenen roten Wollquasten zu erkennen.

UNTERKUNFT

Von wenigen Orten wie Lhasa, Shigatse, Gyantse oder Xining abgesehen, ist in Tibet nicht mit Hotels internationalen Standards zu rechnen. Abseits der Touristenzentren gibt es Gästehäuser mittlerer Qualität, in abgelegenen Gebieten allenfalls passable Unterkünfte mit externen Toilettenanlagen. Obschon der Reiz der Orte, deren Besuch die Behörden ungern erlauben, oft nur wegen der fehlenden touristischen Infrastruktur bewahrt bleibt, stehen Touristen den einfachen bis primitiven Unterkünften doch nicht selten unvorbereitet gegenüber. Man sollte solche Touren wirklich nur unternehmen, wenn man zu deutlichen Einbußen selbst beim hygienischen Mindeststandard bereit ist. Die Möglichkeit zu zelten, die sich in den menschenleeren Changthang-Steppen und in Westtibet durchaus anbietet, empfiehlt sich in den dichter besiedelten Gebieten weniger, da die meisten Europäer die zwar freundliche, aber auch sehr «hautnahe» Neugier der Menschen auf Dauer schlecht ertragen. Insbesondere die Kinder können dabei nicht nur aufdringlich, sondern sogar für tibetische Verhältnisse unverschämt werden.

GESTEN

Dem sich wohlverhaltenden Touristen zeigen die Tibeter ihre Sympathie oft durch verschiedene Gesten. Dies beginnt mit dem berühmten Lächeln, das obendrein zuweilen damit gekrönt wird, daß die Augenbrauen hochgezogen werden. Ähnlich wie bei uns bedeutet der über der Faust nach oben gereckte Daumen soviel wie «Das ist gut!» Wird dieses Zeichen jedoch mit beiden Händen ausgeführt, besagt es eher ein «Sei so gut ...!» und steht für heftiges Bitten, wenn nicht gar Betteln. Einer der größten Gunstbeweise ist der typische, aber nicht alltägliche tibetische Gruß, der in alter Zeit ausschließlich Höhergestellten entboten wurde: das weite Herausstrecken der Zunge. Diese Grußgeste ist ein Zeichen besonderen Respektes und zeigt, daß man nichts Böses im Schilde führt, denn nach altem Glauben färbt sich die Zunge beim Rezitieren unheilvoller Formeln schwarz.

VERHALTENSTIPS

Die Tibetologin Blanche Christine Olschak hat einen der Wesenszüge der Tibeter als «Heiterkeit der Seele» bezeichnet. Tibeter sind generell freundlich und neugierig – lassen Sie sich ansehen, dann können Sie selbst ganz unverblümt schauen. Beim Fotografieren ist es allerdings angebracht, mit Worten oder Gesten das Einverständnis einzuholen. Selbstverständlich sollte sein, vor religiösen Handlungen und Schreinen Respekt zu bekunden, sich landesüblichen Bräuchen anzupassen und nicht ungefragt in jedes Haus zu laufen. Die Tibeter sind in vieler Hinsicht tolerant, aufgeschlossen und gastfreundlich; es wird einem mancher Wunsch erfüllt, der anderswo als dreist empfunden würde – die höfliche Frage vorneweg vorausgesetzt. Die berühmten Himmelsbestattungen sind tabu; nachdem Touristen in den achtziger Jahren diesen auch in Tibet mit Trauer verbundenen Ereignissen immer aufdringlicher zu Leibe rückten, wurde das Aufsuchen der Bestattungsplätze selbst außerhalb der Zeremonien verboten.

Gelassenheit, Höflichkeit und Lächeln sind Verhaltensweisen, welche die Men-

schen immer für Sie einnehmen werden. Strapaziert wird die Geduld bei den unablässigen Bitten um Fotos des Dalai Lama. Einmal abgesehen davon, daß Behörden Ihnen bei einer Verteilung von solchen Bildern politische Absichten unterstellen – die unerwünscht, ja verboten sind –, bereut man in der Regel das Verteilen in der Öffentlichkeit sehr schnell, da man mit einem stetig wachsenden Pulk von Bittstellern als hartnäckige Begleitung rechnen muß. Wenn überhaupt, sollte man ein Dalai-Lama-Bild nur in besonderen Situationen, unter vier Augen, verschwiegen und unauffällig überreichen.

Bei aufdringlichen Händlern und bettelnden Kindern fährt man mit ruhigem Ignorieren am besten. Wer wirklich Gutes tun will, kann tibetische Kinder durch Übernahme von Patenschaften unterstützen.

Auf dem Barkhor, der Pilger- und Marktstraße um den Jokhang in Lhasa, werden neue Butterfässer zum Verkauf angeboten.

ESSEN UND TRINKEN

Die tibetische Küche ist für viele Europäer zunächst einmal gewöhnungsbedürftig. Daher versucht man in den Touristenhotels auch westliche Küche anzubieten, die jedoch dem Qualitätsvergleich mit liebevoll zubereiteten einheimischen Gerichten nicht standhalten kann. Vielerorts wird schmackhaftes chinesisches Essen aufgetischt, das von Tibetern gleichfalls geschätzt wird und daher schon in alter Zeit Eingang in die höhere tibetische Küche gefunden hat.

Grundnahrungsmittel für die bäuerliche und nomadische Bevölkerung des Hochlandes sind Tsampa und Buttertee. Der überaus sahnige und vorzüglich schmeckende Joghurt ist in den städtischen Siedlungen leider nicht immer erhältlich. Luftgetrockneten Käse bekommt man in Würfeln kettenartig auf Schnüre aufgebunden. Fleischgerichte gibt es in Tibet häufiger als eine ausgefeilte Beilagenküche oder – früher wegen der schwierigen Anbaubedingungen fast undenkbar – Gemüsegerichte. Getrocknete Yakfleischstreifen werden oft auf Reisen mitgenommen. Darüber hinaus essen die Tibeter viel gekochtes Schaffleisch. Wird festlich gespeist, würzen sie ihr Essen gerne etwas scharf, was dem Einfluß der indischen und der chinesischen Sichuan-Küche zuzuschreiben ist. Nicht unversucht sollte unter den Getränken das tibetische Gerstenbier, Chang, bleiben.

SOUVENIRS

Auf dem Barkhor in Lhasa und den Märkten nahe der Klöster Kumbum und Labrang in Amdo findet sich fast alles von Dingen des täglichen Gebrauchs über Devotionalien, Schmuck, Antiquitäten bis hin zum Touristenkitsch. Selbst die unscheinbarsten Märkte können interessante Kleinigkeiten wie tibetische Musik-Cassetten, Thangkas (Rollbilder), Tsampa- und Teeschalen bergen. Die Ausfuhr von Antiquitäten – und dazu zählen Tibetica, die vor 1959 hergestellt wurden! – ist verboten. Wenngleich viele der unter Touristen beliebten Dinge – wie Schmuck, Gebetsmühlen, Rollbilder und Statuen – in Nepal gefertigt und als antik angeboten werden, finden sich inzwischen doch vereinzelt neuere und dennoch gut verarbeitete Einzelstücke. Gerade die Thangka-Malerei ist auch in Tibet wiederbelebt worden.

BUTTERTEE UND TSAMPA

Dem mit heißem Wasser verdünnten Teesud gibt man in Tibet etwas Salz (Soda) bei und stampft dann das ganze Gemisch in einem zylindrischen Butterfaß mit «Yakbutter» so lange, bis sich Tee und Butter gut vermengt haben. Nachdem das Getränk durch ein Sieb gegossen wurde, um es von den Blattresten zu befreien, schwimmen nur noch Fettaugen auf der gelbbraunen Brühe. Dieser für Fremde gewöhnungsbedürftige Tee ist auch eine wichtige Grundlage für das Nationalgericht Tsampa. Jeder Tibeter trägt gewöhnlich seine eigene Schale mit sich, in die zunächst ein großes Stück Butter gegeben und anschließend Tee darüber gegossen wird. Wenn sich die Butter langsam auflöst, trinkt er etwas von der Flüssigkeit ab und wirft eine Handvoll des gerösteten Gerstenmehls (Tsampa) hinein. Alles zusammen wird nun kunstvoll miteinander verknetet – was leichter scheint als es ist. Nach Bedarf kann noch mehr Butter oder Tee zugegeben werden. Als weitere Zutaten fungieren manchmal der in kleinste Stückchen zermahlene Hartkäse oder Zucker.

Tee, Butter und Salz werden in hohen Fässern zum Nationalgetränk Tibets, dem Buttertee, vermengt.

FESTE UND FEIERTAGE

Zum Februar-Neumond feiern die Tibeter das *Losarfest* – ihr Neujahr, das im Großen Gebetsfest *Mönlam Chenmo* gipfelt. Zum 15. des ersten Monats wird das *Laternenfest* begangen, zu dessen Anlaß die berühmten Butterfiguren ausgestellt werden. Am Fest zu Buddhas Geburtstag, Erleuchtung und Tod, *Saka Dawa*, am 15. des vierten Monats (etwa im Mai) quillt der Jokhang in Lhasa über vor Pilgern und Gläubigen. Vom 14. bis 16. des fünften Monats wird in Shigatse anläßlich des großen *Klosterfestes in Tashilhunpo* das Riesenthangka aufgezogen und Maskentänze werden aufgeführt. An der Wende vom sechsten zum siebten Monat (August) begeht man in Lhasa das *Shoton-Fest* im Sommerpalast Norbulingka. Bei Joghurt und Chang genießen die in Festtracht gekleideten Leute Aufführungen tibetischer Opern. An den ersten zehn Tagen des siebten Monats (August/September) feiern die Tibeter das *Badefest*, an dem das warme Sommerwetter zu Picknicks und ausgelassenem Baden und Waschen im Fluß genutzt wird. Auf dem Land ist gegen Ende desselben Monats das *Ongkor-Fest* besonders wichtig. Während die endgültige Reife der Feldfrüchte erwartet wird, besucht man Verwandte, macht Ausflüge in die Stadt oder erfreut sich an Operndarbietungen, Tänzen, Pferderennen und Bogenschießen. Zum Tod von Tsongkhapa, dem Begründer der Gelugpa-Schulrichtung, wird am 25. Tag des zehnten Monats (Ende November) ein großes *Lichterfest* begangen. Im Kumbum-Kloster bei Xining in Amdo sind dann Maskentänze und religiöse Zeremonien zu erleben.

1

LOSAR

Das tibetische Neujahrsfest

Eines der wichtigsten und aufwendigsten religiösen Feste in Tibet ist das Neujahrsfest im Februar oder März. Da sich der Kalender der Tibeter nicht nach der Sonne, sondern dem Mond richtet, variiert der Beginn von Jahr zu Jahr.

Am 29. Tag des letzten Mondmonats, der schon fast seit seinem Beginn den Vorbereitungen zu Losar gewidmet war, werden nach Vollendung des Großputzes mit Mehl und Kalk Glückszeichen auf Küchen- und Häuserwände gemalt. Frühmorgens beginnen die Klöster mit dem ersten heiligen Zeremonialtanz, der als besonders glückverheißend gilt. Am letzten Abend des alten Jahres bringt man auf dem Hausaltar Opfergaben dar und legt die Festkleidung zurecht.

Am eigentlichen Neujahrstag, dem ersten Tag im ersten Mondmonat, wird im Kreis der Familie gefeiert. Als erste steht die Hausfrau sehr früh auf, um mit dem ersten Eimer Wasser das Vieh zu tränken. An der Wasserstelle verbrennt sie Räucherwerk und hinterläßt den Naga-Geistern Gerstenbier und Opferteig. Danach weckt sie alle Familienmitglieder, und nach einer Andacht vor dem Hausaltar holt der Älteste das Drosochemar, ein mit Tsampa, gerösteten Weizenkörnern und wildem Ginseng gefülltes Getreidemaß. Es symbolisiert den Dank für die Ernte des vergangenen Jahres. Als Opfergabe an die Geister wirft man einige Weizenkörner in die Luft. Bei Changkhol, glücksbringendem Wein, und Chemar, Teig aus Gerste und Butter, beglückwünscht man sich mit dem Neujahrsgruß Losar Tashi delek – «Glück und Segen zum neuen Jahr». Das Neujahrsfrühstück besteht aus Söcha (Buttertee), Dresit (gesüßtem Reis) und einer Auswahl von Khabse (spezielle Neujahrskuchen). Vom zweiten bis zum vierten Tag besucht man Verwandte und zieht neue Gebetsfahnen auf den Dächern auf, um die Hausgeister wohlgesonnen zu stimmen. In dieser Zeit verwandelt sich der Dorfplatz zum festlichen Tanzplatz; überdies wird gern allerlei Schabernack getrieben und das andere Geschlecht gefoppt. In den darauffolgenden Tagen, bis hin zum 15. Tag, gehen die Menschen in den Städten festlich gekleidet und geschmückt in den Straßen flanieren. Die Kleidung soll in Lhasa und in Jyekundo von besonderer Pracht sein, am wertvollsten aber in Nord-Kham.

Verständlicherweise laufen die Feierlichkeiten innerhalb der Klostermauern anders ab. Dort finden Zeremonien und Versammlungen mit unterschiedlichem rituellem Hintergrund statt. Die Schutzgottheiten werden um ihren Segen angerufen, Glück für den Dalai Lama beschworen und Divinationen abgehalten.

Normalerweise findet in der zweiten Woche des neuen Jahres, vom 8. bis zum 15. Tag, das Große Gebetsfest, Mönlam Chenmo, zu Ehren Sakyamunis statt. Zu diesem Anlaß strömen gläubige Lhasa-Bewohner und Pilger in allen Gängen und Höfen des Jokhang und anderer Tempel zusammen, um an den großen Gebetszeremonien der von den Gelugpa-Klöstern um Lhasa kommenden Mönche teilzunehmen. Den Abschluß der offiziellen Neujahrsfeierlichkeiten – inzwischen sind zwei Wochen ins Land gegangen – bildet das Butterfest. So werden in Lhasa rings um den Barkhor – und in manchen tibetischen Großklöstern – jene von Mönchen aus Butter gefertigten Blumen, Menschen- und Tierfiguren, ja ganze Bilderserien, ausgestellt. Am Großen Gebetsfest werden diese Butterfiguren dann als Dank für die gelungene Unterwerfung böser Dämonen geopfert.

2

3

4

5

1 *Tormas (Opferkuchen) im Jokhang von Lhasa.* – 2 *Butterskulpturen im Kloster Labrang, Amdo.* – 3 *Mönche im Kloster Tashilhunpo bereiten Tsampa, den traditionellen Gerstenbrei, vor.* – 4 *Gebetszeremonie im Jokhang.* – 5 *Ein alter Mönch im Jokhang verziert liebevoll die letzten Tormas.*

TIBETISCHE MEDIZIN

Begierde, Haß und Verblendung sind nach buddhistischer Auffassung die drei Grundübel, die Seele und Körper vergiften. Ganzheitlicher Ansatzpunkt der tibetischen Medizin ist deshalb immer das »richtige Denken« und das »richtige Verhalten«. Berühmt wurde sie durch ihr Verfahren der Pulsdiagnose und ihre traditionelle Heilkräuterkunde.

Medizin-Buddha mit einer Schale voll Heilkräutern im Jokhang-Tempel in Lhasa.

Grundstock der tibetischen Heilkunde ist das im 8. Jahrhundert von Yutok Yönten Gompo verfaßte medizinische Lexikon Dschu-schi. Anatomische Kenntnisse konnten die Tibeter durch ihre Sitte der Himmelsbestattung erlangen, bei der Leichname bis ins Kleinste zerstückelt werden, um sie an die »Himmelsvögel«, die Geier, zu verfüttern.

Die tibetische Medizin hat die indische Heilkunde des Ayurveda mit der Tradition Chinas und dem einheimischen Wissen über die Heilwirkung verschiedenster Pflanzen und Mineralien verbunden. Als Grundlage für die Gesundheit des Menschen gilt das harmonische Zusammenspiel der drei Körpersäfte Wind, Galle und Schleim. Diese setzen sich aus den fünf Elementen Erde, Wasser, Feuer, Luft und Äther zusammen, die durch eine Veränderung ihrer Zusammensetzung wiederum die Säfte aus dem Gleichgewicht bringen können. Eine Störung des Verhältnisses führt zu Krankheiten. Die Mischung der Säfte im Körper ertastet der Arzt an den Pulsen, weitere Hinweise geben Augen und Urin des Patienten.

Mit dem Buddhismus wurden Elemente von dessen philosophischem Lehrgebäude in die tibetische Medizin integriert, was sie zu einer ganzheitlichen Medizin abrundet. Die drei Grundübel Begierde, Haß und Unwissenheit stören das harmonische Miteinander der drei Säfte und führen so zur Erkrankung. Äußere Einwirkungen wie Klima und Planeten, Geister oder eine falsche Ernährung können den Körper ebenso aus dem Gleichgewicht bringen wie innere Einflüsse (psychisches Ungleichgewicht) oder die schlechten Taten vergangenen Daseins.

Die Therapie in der tibetischen Medizin setzt folglich in verschiedenen Bereichen an. Zunächst werden Denken und Verhalten korrigiert: Durch religiöse Belehrung, exorzistische Riten, Meditation oder das Aufsagen von Gebeten und Mantras werden die drei Säfte und damit die gestörten Körperfunktionen ins Gleichgewicht zurückgebracht. Für den harmonischen Fluß der Säfte spielt der Verdauungsprozeß eine große Rolle, weshalb eine richtige Ernährung von Bedeutung und Diät eine wichtige therapeutische Maßnahme ist. Nicht zuletzt verabreicht man Kräuterpillen und -pulver, deren Rezepturen in alten Schriften beschrieben sind und für die – nach orthodoxer Auffassung – nur Heilkräuter Tibets oder des Hoch-Himalaya wirksam sind. Die Pillen bestehen aus bis zu 35 Kräutern, manche beinhalten noch mineralische und tierische Bestandteile.

Weitere wichtige Behandlungsmethoden sind Aderlaß, Massagen, Inhalationen, Räucherungen und Mineralbäder. Aus China ist die Moxibustion nach Tibet gekommen: Dabei werden eingewickelte Kräuterkegel an gewissen Punkten auf der Haut abgebrannt, um Kräfte zu aktivieren. Eine der wesentlichen Grundlagen ist der Glaube, der für den Heilerfolg unerläßlich ist. Oft ist die Behandlung mit rituellen Praktiken verbunden, manchmal bittet der Arzt den Patienten, bestimmte Gottheiten anzurufen.

Oben: Ein Ausläufer der Gebirgskette Amnye Machen im Gyarmothang bei Madoi im Nordosten Amdos.

Unten: Kleine Chörten (Reliquienschreine), auch Stupa genannt, die Anhänger der Bön-Religion am Ufer des Dangra-Sees errichtet haben.

SEHENSWERTE ORTE UND LANDSCHAFTEN VON A BIS Z

Ziffern im Kreis verweisen auf die Karten Seite 63 und 74, Buchstaben im Kreis auf die Karte Seite 74. Kursive Seitenzahlen verweisen auf Abbildungen.

AMNYE MACHEN (1). Der im Hauptgipfel bis auf 6282 Meter Höhe aufragende Gebirgszug Amnye Machen gilt als Sitz der Berggottheit Machen Pomra. Daher ist der sich über 300 Kilometer erstreckende Gebirgszug kultischer Mittelpunkt der Ngolok-Tibeter in Amdo, die ihn in einer wochenlangen Pilgerreise rituell umwandeln. Von Xining, der Provinzhauptstadt Qinghais,

Rechts: Die Goldenen Tempel von Toling im Abendlicht. Reisen nach Westtibet sind ein einzigartiges Landschaftserlebnis, bedürfen aber einer sorgfältigen Planung, da eine touristische Infrastruktur kaum vorhanden ist.

kann in zweitägiger Jeepfahrt über Gonghe das Dorf *Xia Dawu* erreicht werden, der westliche Ausgangspunkt für den Pilgerweg. Eine lohnende Rundfahrt beginnt beim Kumbum-Kloster (siehe Seite 74) und führt über das Städtchen Guide nach Süden. Dort, wo der Ma Chu (Gelber Fluß) zum zweiten Mal überquert wird, liegt das bedeutendste Kloster im Nomadengebiet der Ngolok, *Rakya Gompa*, in einer wilden Berglandschaft, die bereits zum Amnye Machen zählt.

CHAMDO ②. Die größte osttibetische Stadt liegt im Knotenpunkt der alten Handelswege, die Lhasa, Amdo und Kham miteinander verbinden, auf einer von den Flüssen Dza Chu (Mekong) und Ang Chu umrahmten Halbinsel. Das 1444 gegründete, in der Kulturrevolution völlig zerstörte *Gelbmützenkloster Jampa Ling* nimmt in seinen imposanten Hallen inzwischen wieder rund tausend Mönche auf. Durch den Flugplatz im 180 Kilometer südlich der Stadt gelegenen Bamda ist Chamdo nun der zweite auf dem Luftweg erreichbare Ort der AR Tibet. Über Land führen schwierige, aber landschaftlich faszinierende Pisten von Lhasa, Chengdu und Kunming in mindestens vier- bis fünftägigen Jeepfahrten nach Chamdo.

CHANGTHANG ③. Siehe Seiten 36 und 37. *36, 37, 38/39, 41, 84/85*

DANGRA-SEE und **TARGO KANGRI** ④. Im südlichen Changthang finden sich einige wunderschöne Seen. Etwa in der geographischen Mitte zwischen Zentral- und Westtibet ist der langgestreckte Dangra-See von Bedeutung, da er – wie der nahe seines Südufers aufragende, 6572 Meter hohe Targo Kangri – als Wohnort von Gottheiten der alten Bön-Religion gilt. Ihre Anhänger umrunden den See auf einer mehrwöchigen Pilgerschaft, wobei sie in kleinen Bauerndörfern auf Bön-Tempel treffen. Eine der wenigen befahrbaren Pisten führt von Lhasa aus in vier bis fünf Tagen nach Ombu am nördlichen Seeufer.

DREPUNG-KLOSTER Ⓐ. Siehe Seite 76. *75*

GANDEN-KLOSTER ⑤. Das 1409 von Tsongkhapa gegründete Zentrum der buddhistischen Reformschule der Gelugpa ist neben Drepung und Sera eines der drei Staatsklöster des alten Tibet. Rund 50 Kilometer östlich von Lhasa entwickelte sich die Klosterstadt in 4400 Meter Höhe zum drittgrößten Kloster Zentraltibets. Wohl wegen der überragenden Bedeutung Gandens, das in einer zentralen Halle den Grabchörten des Reformators Tsongkhapa birgt, ist das Kloster in den sechziger Jahren von den Eiferern der chinesischen Kulturrevolution in Schutt und Asche gelegt worden. Davon zeugen noch immer die unzähligen Gebäuderuinen, die die wiederaufgebauten Tempelhallen umrahmen. *10/11, 17, 23*

GUGE ⑥. Das Zentrum des einstigen westtibetischen Königreiches liegt im oberen Sutlej-Tal zwischen den Gebirgsketten von Himalaya und Transhimalaya. Die bis heute erhaltenen Tempel des *Klosters Toling* und der ehemaligen Residenzstadt *Tsaparang* gehören wegen ihrer alten Malereien zu den kulturgeschichtlich bedeutendsten Denkmälern Tibets. Früheste Beispiele der buddhistisch-tantrischen Kunst finden sich im *Weißen Tempel* Tsaparangs. Der Detailreichtum dieser einzigartigen Malereien wurde vor rund einem Jahrtausend geschaffen und erstrahlt in erstaunlicher Frische. Die Ruinen der einstigen Guge-Hauptstadt breiten sich über die Hänge eines Bergsporns aus, auf dessen Gipfel die königliche Zitadelle errichtet wurde. Von oben, wohin ein Aufstieg auch wegen der sogenannten *Mandala-Kapelle* lohnt, bietet sich eine atemberaubende Aussicht auf die wilden Felsformationen des *Sutlej-Canyons*. *Tsanda*, der heutige Kreisort im einstigen Guge-Reich, wird im Zusammenhang einer Kailash-Reise als dreitägiger Abstecher von der Hauptstrecke aus besucht. *42, 43*

GYANTSE ⑦. Die drittgrößte Stadt Zentraltibets liegt 300 Kilometer südwestlich von Lhasa am Handelsweg nach Nepal, Indien und Westtibet. Wie kein anderer Ort auf dem Hochland bewahrt der alte Handelsort das Gepräge einer traditionellen tibetischen Stadt. Überragt wird Gyantse von der gewaltigen Dzong-Burg, deren mächtige Mauern selbst nach den Zerstörungen durch die britische Younghusband-Expedition 1904 noch immer Ehrfurcht einflößen. Großartiger aber sind die Kunstwerke des am Rand der Altstadt gelegenen Klosterbezirks *Pekor Chöde*, aus dem sich majestätisch der 1427 errichtete

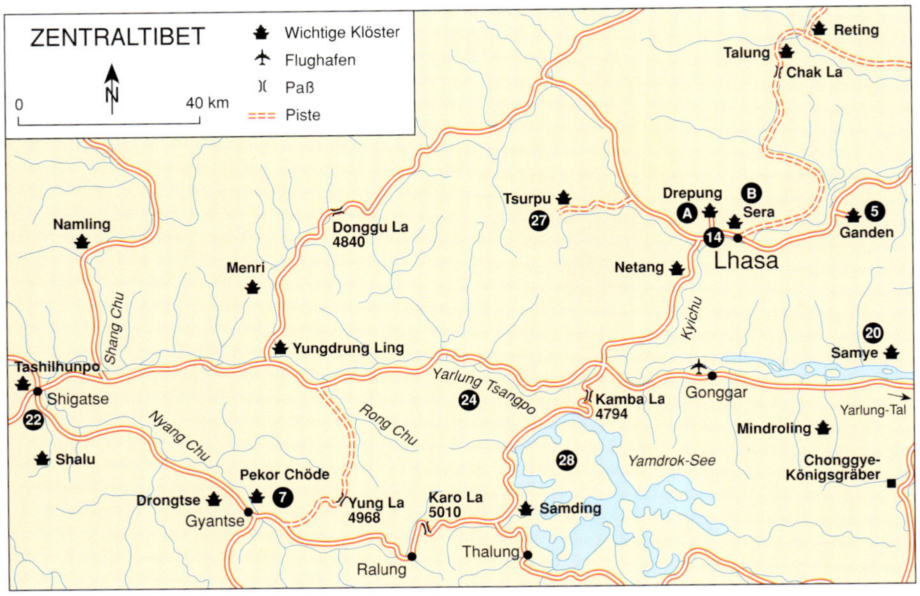

Viele bekannte Klöster und Kulturdenkmäler Tibets befinden sich in der Region um Lhasa und Shigatse.

Junge Mönche im Kumbum-Kloster nahe der chinesischen Stadt Xining. Das Kloster war von 1967 bis 1979 geschlossen, hat aber die Kulturrevolution unbeschadet überstanden.

Kumbum-Chörten erhebt. Als «Stupa der hunderttausend Bildnisse» überliefert er in Kapellen das tibetisch-buddhistische Pantheon in gut erhaltenen Malereien aus dem 15. Jahrhundert. Die Haupthalle der Klosteranlage blieb ebenfalls unzerstört und erweist sich als eine Schatztruhe tibetischer Kunst, insbesondere von Malerei und Skulptur. *26/27, 52*

JYEKUNDO ⑧. Dort, wo die Karawanenrouten von Lhasa und Osttibet nach Amdo zusammenliefen, entwickelte sich im äußersten Norden Khams das Städtchen Jyekundo (chinesisch Yushu), das heute Sitz einer tibetischen Präfektur im Süden der Provinz Qinghai ist. Fernab der politischen Zentren des Gelbmützenstaates gelegen, konnten sich die tibetischen Rotmützenorden hier besser entfalten als andernorts in Tibet, wovon eine große Zahl von Sakya- und Kagyü-Klöstern zeugt. Auf einem Bergsporn über der Stadt thront das Sakya-Kloster *Jyegu Gompa*. Andere schöne Anlagen liegen nur wenige Kilometer vor den Toren der Stadt in jeder Himmelsrichtung. Geschichtlich bedeutsam ist der *Tempel der Prinzessin Wencheng*, etwa 50 Kilometer südlich von Jyekundo. Als die chinesische Prinzessin im 7. Jahrhundert von China nach Lhasa zog, um dort den König Songtsen Gampo zu heiraten, ließ sie an diesem Ort buddhistische Skulpturen und Inschriften aus dem Fels schlagen. Sie gehören zu den ältesten Kunstwerken Tibets. Die Anfahrt von Xining erfordert mindestens drei Tage. *52, 53*

KAILASH und **MANASAROVAR-SEE** ⑨. Zwischen dem langgestreckten Himalaya-Riesen Gurla Mandata (7739 m) und dem heiligen Berg Kailash (6656 m) liegen, eingebettet in eine ausgedehnte Hochebene, die je nach Lichtverhältnissen in tief- bis azurblauen und türkisen Farbtönen schimmernden Seen Rakas Tal und Manasarovar. Den Hindus wie den Buddhisten heilig, wird dieses traumhafte Fleckchen Erde seit Jahrhunderten von Pilgern aufgesucht. Hauptanliegen solcher Pilgerschaften ist die rituelle Umwandlung des Kailash, der den Tibetern als die Weltenachse gilt. Hindus halten seine markante weiße Spitze für den Wohnort ihres Gottes Shiva. Je nach Jahreszeit kann die Region von Lhasa aus in vier bis sechs Tagen Jeepfahrt erreicht werden. *6/7, 14, 40, 41, 66/67, 68, 69, 86*

KANDSE und **NYARONG** ⑩. Der östliche Teil Khams wird vom Jangtse-Nebenfluß Yalong Jiang durchflossen, den die Tibeter Nya Chu nennen. Die umgebende Landschaft wird daher Nyarong genannt und gehört zu den Kernlandschaften Osttibets. Kandse breitet sich als der bedeutendste Ort am Nordufer des Flusses aus und bietet bis heute eine schöne geschlossene Altstadt. Über ihr erstreckt sich am Hang das 900 Mönche bergende *Gelugpa-Kloster Te Hor Kandse*. Hierher gelangt man von Chengdu, der Provinzhauptstadt von Sichuan, auf einer etwa drei- bis viertägigen Fahrt im Geländewagen. *20*

KOKO NOR ⑪. Einer alten Legende nach entstand der größte See im tibetischen Hochland durch Unachtsamkeit seiner Bewohner, die einen Brunnen überlaufen ließen. Nomaden suchen gerne die guten Weideplätze an seinen Ufern auf. Besucher zieht es im Frühjahr (April) zur sogenannten *Vogelinsel*, wo sich riesige Schwärme von Zugvögeln versammeln, bevor sie sich in ihre heimatlichen Gefilde aufmachen. Von Xining ist man in wenigen Stunden Autofahrt an den Ufern des «Blauen Sees», wie der mongolische Name Koko Nor und die tibetische und chinesische Übersetzung Tso Ngombo bzw. Qinghai lauten. *44, 45, 82/83*

KUMBUM-KLOSTER ⑫. Nur 20 Kilometer südlich von Xining liegt das als Geburtsort Tsongkhapas besondere Verehrung genießende Kloster Kumbum Jampa Ling, das bereits 1927 durch Wilhelm Filchners

Filmaufnahmen von Maskentänzen berühmt wurde. Das von 1560 bis 1577 erbaute Großkloster vereinigt in sich Elemente chinesischer wie tibetischer Architektur, und die Mönche rekrutieren sich aus verschiedenen Ethnien – neben Tibetern auch Mongolen, Tu und Han-Chinesen. *4/5, 48, 80*

LABRANG-KLOSTER ⑬. Als kulturelle und politische Drehscheibe zwischen Tibet, China, der Seidenstraße und der Mongolei erlebte das relativ junge Großkloster Labrang Tashi Chil nach seiner Gründung 1709 eine rasante Entwicklung. Das im Südwesten der Provinz Gansu gelegene, von Lanzhou in sechs Stunden Autofahrt erreichbare Labrang beherbergt heutzutage mit knapp zweitausend Insassen die größte Mönchsbevölkerung Tibets. *51, 87*

LHASA ⑭. Trotz der immer mehr sich ausbreitenden chinesischen Neubauten wird Lhasa noch immer weithin sichtbar überragt vom *Potala*, dem im 17. Jahrhundert erbauten Winterpalast der Dalai Lamas. Kein anderes Bauwerk auf der Welt ist so sehr Symbol für ein ganzes Land geworden wie dieser wuchtige und doch elegante, mit weißen und roten Bauten gen Himmel strebende und von goldenen Dächern bekrönte Palast. Von dort oben, wo die tibetischen Gottkönige residierten, bietet sich das gesamte Panorama Lhasas samt Umland. Der Blick schweift hinüber zur Altstadt, wo inmitten weißgekalkter Häuser die golden schimmernden Dächer von Tibets Allerheiligstem die Aufmerksamkeit erregen: der *Jokhang*, die 641 unter König Songtsen Gampo errichtete »Kathedrale von Lhasa«. Als Schrein für die berühmte Buddhafigur »Jobo Rimpoche«, ein Hochzeitsgeschenk seiner Braut, Prinzessin Wencheng aus China, ist dessen Haus »Jo(bo Lha)khang« Ziel für zahllose Pilger aus dem ganzen Hochland. Die mystische Stimmung inmitten der kostbaren

Oben: In der Klosterstadt Drepung bei Lhasa, einst das größte und reichste Kloster Tibets. Vor der Kulturrevolution lebten hier bis zu 10 000 Mönche, darunter 400 Geshes (Gelehrte der Philosophie) und eine große Zahl von Inkarnationen.

Mitte: Blick auf den Potala vom Jokhang-Tempel in Lhasa.

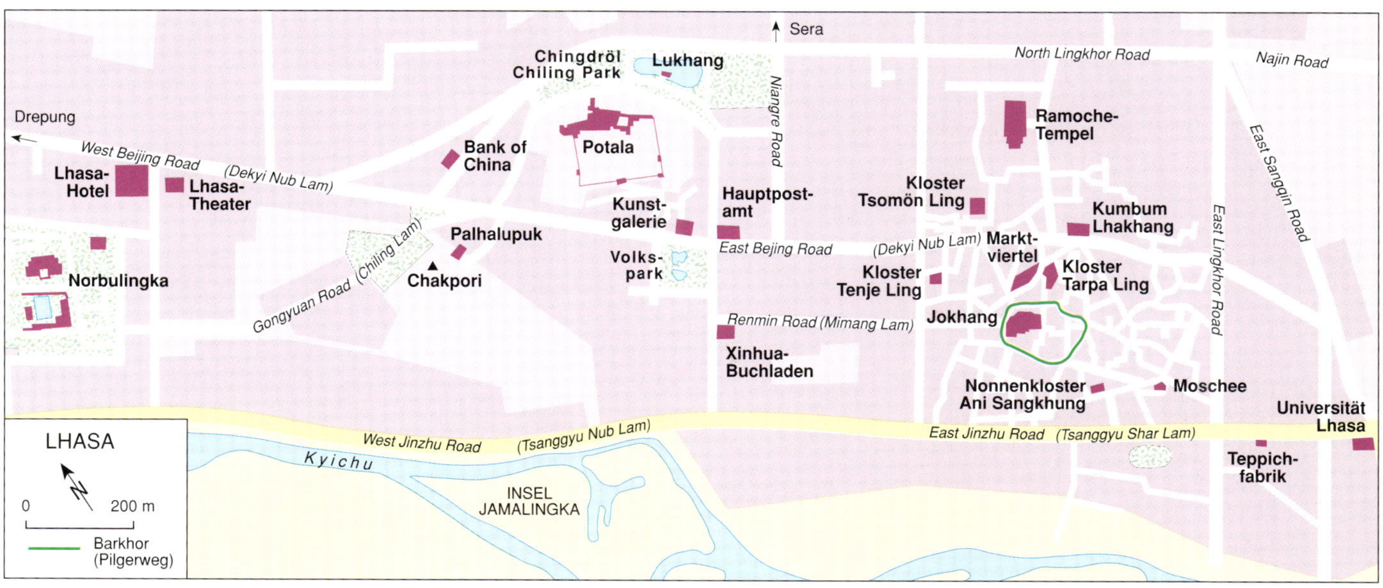

Kultobjekte und religiösen Kunstwerke in den vom dämmerigen Schein der Butterlampen erleuchteten uralten Tempelräumen zieht unweigerlich jeden Besucher in ihren Bann. Der Jokhang ist von drei heiligen «Ringen» umgeben: Der erste Rundweg, *Nangkhor*, liegt noch innerhalb des Tempels, dann folgen der berühmte *Barkhor* und schließlich der nur noch teilweise erhaltene *Lingkhor*.
Weitere Sehenswürdigkeiten, die Tibets Hauptstadt mit ihren inzwischen wohl 150 000 Einwohnern zu bieten hat, sind der Sommerpalast *Norbulingka*, der alte *Ramoche-Tempel* und die vor den Toren der Stadt am Berghang gelegenen Staatsklöster *Drepung* Ⓐ und *Sera* Ⓑ, die innerhalb eines Jahrzehnts nach der Gründung des ersten Gelugpa-Klosters durch den Reformator Tsongkhapa begonnen wurden. Das auf das Jahr 1416 zurückgehende Kloster Drepung thront auf einem Abhang über dem Tal im Westen der Stadt, zwölf Kilometer von der Stadtmitte. Bis zum Bau des Potala-Palastes war es das politische Zentrum der Gelugpa-Hierarchie, und erst mit der Machtkonsolidierung des «Großen Fünften» Dalai Lama im 17. Jahrhundert verlagerte sich die politische Macht auf den Burgberg in der Stadt. Gleichwohl blieb die auf der Gelehrtheit seiner Mönche begründete Ausstrahlung Drepungs ungebrochen – in seinen Glanzzeiten beherbergte das Kloster über 10 000 Mönche. Ähnlich ist die Struktur des anderen Großklosters, Sera, das sechs Kilometer nördlich der Innenstadt am Berghang liegt. Die bedeutendste der drei verbliebenen Fakultäten, an der tantrische Mystik gelehrt wurde, brachte einige der klügsten Gelehrten Tibets hervor. Deren Weisheit beschränkte sich durchaus nicht auf religiöse Dinge, sondern äußerte sich zuweilen ganz real in politischer Opposition und Putschversuchen. Wegen ihrer machtpolitischen Aktivitäten werden Drepung und Sera zusammen mit Ganden (siehe Seite 73) als «Staatsklöster» bezeichnet. Das schlug sich auch in der «Ansiedlung» des Staatsorakels nieder, für welches in unmittelbarer Nähe des Drepung-Klosters die kleine, aber prächtig ausgemalte *Nechung Gompa* errichtet wurde. *15, 16, 18/19, 20, 22, 23, 29, 62, 64, 70, 71, 72, 75*

MINYA KONKA ⑮. Gleich einem Pfeiler des Dachs der Welt überragt der 7556 Meter hohe Minya Konka Osttibet auf der einen und das Rote Becken in Sichuan auf der anderen Seite. Der sich mehrere hundert Kilometer von Nord nach Süd erstreckende vergletscherte Gebirgszug ist den Khampas heilig, weshalb der schöne Hauptgipfel manchmal noch großräumig umwandelt wird.
Moderner «Pilgerort» ist der *Hailuogou Glacier Park* an seiner Ostflanke geworden, wo Touristen von der Großstadt Chengdu in zwei Tagen Fahrt und einem Trekking-Tag auf den Gletscher gelangen können, der auf 3000 Meter herab- und bis in einen voller Flechten hängenden Primärwald hineinreicht.

1

2

3

1 *Häuser in Sakya. Wegen der kalten Winter sind die Fenster winzig, auf den Dächern lagert Brennmaterial.*

2 *Das Dorf Sakya und einige wiederaufgebaute Hallen des nördlichen Klosters von Sakya, dem Stammkloster des Sakya-Ordens. Typisch für diese Region ist die Streifenbemalung der Häuser.*

3 *Die Erosionslandschaft bei Purang, Westtibet, besticht durch ihr Spiel von Licht und Schatten, Farben und Formen.*

NAM TSO und **NYENCHEN THANGLHA** ⑯. Auf überwiegend guter Straße ab Lhasa ist der größte See Zentraltibets, der Nam Tso, leicht erreichbar. Als «Himmelssee» von religiöser Bedeutung, verbindet er die landschaftliche Schönheit der ihn im Süden und Osten umrahmenden Bergketten, einer tiefblauen Seefläche und der Weite der nördlichen Changthang-Steppen. Bei guter Sicht erkennt man über dem Südufer das Nyenchen-Thanglha-Massiv, wo in 7114 Meter Höhe der gleichnamige Berggott seine Residenz hat. *25*

PURANG ⑰. Südlich des heiligen Sees Manasarovar in der Kailash-Region weitet sich das trockene Hochtal von Purang am Oberlauf des nach Nepal fließenden Karnali. Eingerahmt von schneebedeckten Gipfeln des Himalaya, die das Tal mit ausreichend Wasser versorgen, haben sich hier mehr Bauern angesiedelt als im ansonsten eher dünnbesiedelten Westtibet. In eine großartige Landschaftsszenerie eingebettet ist der alte *Tempel von Khojarnath*, dessen Errichtung in das 11. Jahrhundert zurückreicht. *42*

4 *Die in den Felsen geschlagene Tsegu Gompa in Purang.*

5 *Ein einzigartiges Naturerlebnis ist eine Wanderung am Hailuogou-Gletscher an die Ostflanke des Minya-Konka-Massivs.*

6 *Das Kloster Lhamo Si bei Kangding vor der atemberaubenden Kulisse schneebedeckter Sechstausender.*

4

RONGWO-TAL um **TONGREN** ⑱. Leicht in einem Tag von Xining aus zu erreichen ist das Städtchen Tongren im nordosttibetischen Rongwo-Tal. Herzstück der Region ist das an einem Zufluß des Ma Chu (Gelber Fluß) gelegene *Großkloster Rongwo.* In unmittelbarer Umgebung existieren mehrere kleine Klöster, in denen sich die Wutun-Malschule entwickelt hat. Hier ist jene Malerei entstanden, die für Amdo und weite Teile Osttibets prägend wurde. Heute kann man dort wieder Malerfamilien besuchen, aber auch zahlreiche Klöster der Umgebung, die nach den Zerstörungen in der Kulturrevolution mit neuen Malereien ausgestattet wurden. Die Klöster liegen oft hoch oben in den Bergen und sind, sofern Regen die steilen Pisten nicht unpassierbar gemacht hat, über atemberaubende Straßen von den Orten Tongren, Jianzha, Xunhua und Hualong aus erreichbar. *21, 50, 80*

SAKYA ⑲. Eher einer trutzigen Festung als einer religiösen Stätte gleicht das 1268 errichtete Südkloster von Sakya in Südtibet. Sein nördlicher Gegenpart auf der gegenüberliegenden Flußseite war das Stammkloster des 1073 gegründeten zweiten Reformordens in Tibet. Nach den Verwüstungen während der Kulturrevolution sind im Nordkloster wenige Hallen wiederaufgebaut worden, während das Südkloster mit den größten Kunstschätzen wie durch ein Wunder unzerstört blieb. Bis 1959 war das von einem inkarnierten Abt geführte Sakya-Mönchsfürstentum eine Art Staat im Staate geblieben. Von Shigatse, der heute zugeordneten Distriktshauptstadt, rund 160 Kilometer entfernt, gelangt man auf der Fahrt Richtung nepalesischer Grenze in etwa vier Stunden Autofahrt nach Sakya.

SAMYE-KLOSTER ⑳. In Luftlinie auf halbem Weg zwischen dem Yarlung-Tal und Lhasa ist dieses älteste Kloster Tibets um 763 gegründet worden. Bis heute untersteht es dem Orden der Nyingmapa – der »Alten«. Seine symbolreiche Anlage – der Grundriß und die verschiedenen Gebäude sind als Mandala und somit als Abbild des Kosmos konzipiert – gehört trotz der im Lauf der Geschichte häufigen Brände und Brandschatzungen zu den eindrucksvollsten Beispielen religiöser Architektur. Auf der Fahrt von Lhasa ins Yarlung-Tal passiert man etwa 40 Kilometer vor Tsetang die Anlegestelle der Tsangpo-Fähre. Je nach Wasserstand von Tibets größtem Fluß kann die Überfahrt 45 Minuten bis zwei Stunden dauern. Vom Nordufer zum Kloster sind noch einige Kilometer auf dem Lkw oder im Bus zurückzulegen.

5

6

SERA-KLOSTER Ⓑ. Siehe Seite 76. *64*

SHEKAR ㉑. Die kleine Kreisstadt in Südtibet imponiert durch die Ruinen auf dem steilen Felsenberg, an dessen Fuß sich das alte Dorf erstreckt. Unmittelbar nach dem Eingangstor in die *Dzong-Burg* gelangt man rechter Hand in das wiederaufgebaute *Kloster Shekar Chöde*. Der nahe der Hauptstraße nach Nepal gelegene Ort ist Ausgangspunkt für Bergsteiger und Trekker zum *Everest Base Camp*, das man mit einem Jeep in einem halben Tag erreicht.

SHIGATSE ㉒. Die mit über 20 000 Einwohnern zweitgrößte Stadt der AR Tibet liegt etwa 350 Kilometer südwestlich von Lhasa am Tsangpo und ist das kulturelle wie politische Zentrum der Provinz Tsang, einer der Kornkammern Tibets. Zwischen tibetischer Altstadt und dem chinesischen Neubauviertel ragen die Ruinen der zerstörten *Dzong-Burg* auf. Nur einen Kilometer weiter westlich leuchten die vergoldeten Giebeldächer des 1447 gegründeten *Gelugpa-Klosters Tashilhunpo*. Als Sitz des Panchen Lama war dieses am Berg ansteigende Großkloster ein halbes Jahrtausend lang geistiges Zentrum des Gelbmützenordens, während dessen politische Macht in Lhasa lag. Shigatse bietet sich als Ausgangspunkt für Ausflüge nach *Shalu* (mit bedeutenden frühen Wandmalereien), zum wiederaufgebauten *Kloster Ngor* und dem *Bön-Kloster Yungdrung Ling* an. *31, 33, 49, 71*

TRANSHIMALAYA-TÄLER ㉓. Nördlich des Tsangpo-Flußtals erstrecken sich die Gebirgszüge des Transhimalaya von Westen nach Osten durch Südtibet. Von der am Fluß entlangführenden Straße, die Lhasa mit Shigatse verbindet, wirken die Gebiete auf dem Nordufer abweisend und siedlungsfeindlich. Dennoch finden sich in den Seitentälern dort einige bedeutende Orte mit umfangreicher Landwirtschaft und kulturgeschichtlichen Denkmälern. Die Shigatse nächstgelegenen Orte *Thongmon, Rinchentse* und *Namling* bergen besuchenswerte Tempelanlagen und sind über die neue Tsangpo-Brücke westlich von Shigatse besser zugänglich geworden. Auf dem Thongmon gegenüberliegenden Südufer findet sich *Puntsoling*, dessen Haupthalle über schöne alte Malereien verfügt. Nur wenige Kilometer weiter steht der leidlich erhaltene *Jonang-Stupa*. *30, 31*

Oben: Blick auf den Chomo Gangkar im Transhimalaya.

Unten: Ein grandioses Panorama bietet sich vom Dechen Gompa in Tsongkha, Amdo. Auf den terrassenartig angelegten Feldern wird vor allem Hochlandgerste angebaut, die in manchen Gebieten Tibets noch auf über 4000 Meter Höhe wächst.

TSANGPO ㉔. Tibets wichtigster Fluß, der eigentlich Yarlung Tsangpo heißt, aber meist kurz Tsangpo, das heißt »Fluß«, genannt wird, durchzieht nicht nur das zentraltibetische Kernland wie eine Schlagader, sondern gibt auch die wesentliche Richtung für die alten Handelswege nach Westtibet und in den Südosten des Hochlandes vor. Obschon größter Strom, kann er wegen seiner starken Wasserstandsschwankungen kaum zur Bewässerung und damit landwirtschaftlich genutzt werden. Aber überall dort, wo seine Nebenflüsse in weiten Talungen in den Strom münden, sind wichtige bäuerliche Siedlungen zu finden. Neben Lhatse, Shigatse und Tsetang sind dies vor allem die Gegend Lhatö am Oberlauf mit dem berühmten *Kumbum-Chörten von Riwoche* sowie die *Kongpo-Region* um Nyingtri, wo die sogenannte Südroute nach Kham führt. Das im Oberlauf des Tsangpo wüstenhafte Ambiente der kahlen Bergregionen kontrastiert mit der vom üppigen Grün der Wälder und Weiden beherrschten Schluchtenlandschaft Südosttibets. *28*

TSETANG und das **YARLUNG-TAL** ㉕. Das Städtchen Tsetang ist Hauptort der tibetischen Südprovinz Lhokha und Ausgangspunkt für Ausflüge nach Samye und ins Yarlung-Tal, dem tibetischen »Tal der Könige«. Rund 30 Kilometer von Tsetang entfernt liegt bei *Chonggye* ein Dutzend der frühen Großkönige begraben, die Tibet vom 7. bis zum 9. Jahrhundert beherrschten. Von Tsetang aus läßt sich in halbstündiger Fahrt der *Yumbu Lhakhang* besuchen, die sakrale Burg des ersten der legendären Könige, Nyatri Tsenpo. Seit Fertigstellung der Asphaltstraße von Lhasa bis Tsetang kann man nach rund vier

Stunden, vom Flughafen in Gongkar sogar nach nur zwei Stunden, im fruchtbaren Yarlung-Tal ankommen.

TSONGKHA ㉖. Die wirtschaftliche und kulturelle Kernlandschaft in Amdo wird von den Tibetern Tsongkha, «Zwiebeltal», genannt. In ihrem Herzen liegt die vor 2000 Jahren gegründete chinesische Stadt Xining, die mit über einer halben Million Einwohner die größte Stadt auf dem tibetischen Hochland ist. Die Hauptbevölkerung im Tal des Flusses Huang Shui, eines Zustroms des Gelben Flusses, stellen die Hui-Moslems und die Han-Chinesen, während Tibeter und die altmongolischen Tu die Nebentäler besiedeln und dort ihre klösterlichen Zentren errichtet haben. Das bekannteste ist das *Kumbum-Kloster* (siehe Seite 74); das älteste, *Qutan Si*, wurde 1392 in einem sich südlich von Ledu erstreckenden Seitental gegründet und später nach dem Vorbild des chinesischen Ming-Kaiserpalastes erweitert. *51*

TSURPU ㉗. Das auf das Jahr 1185 zurückgehende Stammkloster des Karma-Kagyü-Ordens liegt 70 Kilometer westlich von Lhasa auf 4400 Meter in einem kleinen Tal. Nach der Kulturrevolution wieder aufgebaut, gehört Tsurpu zu den beliebtesten Klöstern bei tibetischen Pilgern, zumal seit der 17. Gyalwa Karmapa – nach dem Dalai und dem Panchen Lama die wohl bedeutendste Inkarnation auf dem Hochland – 1992 inthronisiert wurde und hier residiert.

YAMDROK-SEE ㉘. Wie ein riesiger blauer Krake liegt der vielverzweigte «Türkis-See der oberen Weideplätze», *Yamdrok Yu Tso*, auf 4440 Meter Höhe in Südtibet, im Sommer eingebettet in wunderbar grüne Berghänge und in der Ferne überragt von den Schneegipfeln an der Grenze zu Bhutan. Der in nur wenigen Stunden Autofahrt von Lhasa erreichbare See ist den Tibetern heilig, da er als Latso, als Quelle der Lebenskraft für Tibet, betrachtet wird. Weniger heilbringend ist der kleinere, ihm benachbarte See *Dremo Tso*, dessen Dämon durch das kleine *Kloster Samding* gebannt wird. Eine der wenigen weiblichen inkarnierten Lamas des Schneelandes, Dorje Pagmo, stand diesem Kloster vor. Es kann über eine Piste erreicht werden, die in Nangkartse am Nordwestende des Yamdrok-Sees von der Hauptstraße abzweigt. *24, 25, 28*

DER TOLLDREISTE ONKEL TOMPA

Kaum eine Figur ist in Tibet populärer – und im Westen unbekannter – als Onkel Tompa, eine Art «tibetischer Eulenspiegel».

Onkel Tompa treibt in sämtlichen Bevölkerungsschichten und Gegenden Tibets sein Unwesen. Die Anrede «Onkel» drückt dabei die respektvolle Vertraulichkeit aus, die ihm jeder Tibeter, ob groß oder klein, Mann oder Frau, entgegenbringt. Seine Streiche und Taten weisen ihn durchaus nicht als den «guten Onkel» aus, begeht er doch Betrügereien ebenso wie er sich ohne Rücksicht auf andere Zugang zu sexuellen Vergnügungen mit Königstöchtern oder gar buddhistischen Nonnen verschafft.

Gleichwohl verscherzt er sich in seinen derben und tolldreisten Geschichten nicht die Sympathien der Tibeter. Das mag hauptsächlich zwei Gründe haben. Zum einen sind die Opfer seiner Betrügereien oft Herrschende, geizige Reiche oder unterdrückerische Grundherren – Autoritäten, die im Volk zwar anerkannt, doch zweifelsohne nicht immer beliebt sind. Dabei macht Onkel Tompa durchaus nicht vor dem lamaistischen Klerus halt. Oder aber es gehen ihm dumme Einfaltspinsel, die die Tragweite seiner Possen ohnehin nicht so hart zu spüren bekommen, auf den Leim. Zum anderen drücken seine kleinen und großen «Missetaten» nichts weiter als die Sehnsüchte und Wunschvorstellungen der meisten Tibeter aus – sei es, daß sie einmal diesem oder jenem einen Streich spielen, es ihm heimzahlen möchten oder davon träumen, sich der unnahbaren Fürstentochter, der keuschen Nachbarsfrau bzw. -tochter oder sonst einer begehrten Frau zu nähern und der zu sein, der «es ihr zeigt» *(tom-pa)*.

Die Geschichten von Onkel Tompa, die nicht nur in Kneipen und Männerrunden, sondern auch von Frauen und Kindern erzählt werden, zeigen die durch und durch menschliche Seite eines Volkes, dem aufgrund seiner tiefen Religiosität in den Augen mancher Europäer die alltäglichen Unzulänglichkeiten, die kleinen und großen Sehnsüchte gewissermaßen aberkannt worden sind. Doch derart verklärt und vom Weltlichen abgewandt sind die Tibeter – glücklicherweise – keineswegs. Onkel Tompa, der tibetische Schalk, gehört zu jenem facettenreichen Gesamtbild, in dem die Tibeter als zwar tiefreligiöse, aber auch als mit Schwächen behaftete und daher überaus liebenswerte Menschen, die mit beiden Beinen auf dem Boden stehen, erscheinen.

Illustrationen aus den «Tolldreisten Geschichten von Onkel Tompa»: Der Schalk «färbt» für einen Krug Gerstenbier einen Ochsen mit Schlamm (oben), pflanzt seinem Nachbarn Yakhaare auf die Glatze (Mitte) und sinnt als Vorleser in einem reichen Haus auf eine List, dem geizigen Hausherren ein Schaf zu entlocken (unten).

GLOSSAR

Ayurveda traditionelle Heilkunst des alten Indien
Bardo «Zwischenzustand», Bereich zwischen Tod und Wiedergeburt
Barkhor der «mittlere Umwandlungsweg» um den Jokhang-Tempel in Lhasa; gleichzeitig Hauptmarkt
Bodhisattva «Erleuchtungswesen», das auf den Eintritt in das Nirwana verzichtet, um seinen Mitmenschen zu helfen; Ideal der Barmherzigkeit
Bönpo Anhänger der alttibetischen Bön-Religion
Buddha «Erleuchteter»
Chörten tibetisch für Stupa, bezeichnet einen symbolischen Reliquienschrein Buddhas, «Opfer- oder Schatzbehälter»
Dharma «die wahre (das heißt buddhistische) Lehre», auch sittliche Pflicht, Gesetz bzw. Ordnung
Dharmapala «Beschützer der Lehre», Schutzgottheiten in meist zornvoller Erscheinung

Kostbare Heiligenstatuen in der Chikpa-Tratsang-Halle des Klosters Rongwo.

wirkt und die Art des Folgedaseins bestimmt
Khatag-Schleifen Glücksschleifen, die als Zeichen der Ehrerbietung und Höflichkeit vor allem an geistliche Würdenträger überreicht werden

Mandala «Kreis», kosmisches Diagramm
Manisteine/-mauer mit heiligen Texten (wie Gebetsformeln, Mantras) beschriftete Steine oder Steinplatten, die von Pilgern als Zeichen ihrer Ehrfurcht hinterlassen werden und mit der Zeit lange, hochgeschichtete Mauern erstehen lassen
Mantra Gebetsformel, gesungenes, beschwörendes Gebet
Nirwana «das Verwehen, Erlöschen», Befreiung von allem Daseinsdrang und damit Erlösung aus dem Kreislauf der Wiedergeburten, ein Heilszustand absoluter Erleuchtung
Parikrama Rundweg um einen sakralen Bezirk, die rituelle heilige Umkreisung
Puja Opferritus im Tempel, liturgische Handlung
Rimpoche «Kostbarer», respektvoller Titel für hohe, insbesondere inkarnierte, in der Lehre weit fortgeschrittene Lamas
Samsara der leidvolle Kreislauf der Wiedergeburten
Sangha Gemeinschaft der Buddhisten
Shangri La ein «irdisches Paradies», wahrscheinlich von Shambhala, dem utopischen buddhistischen Königreich abgeleiteter Begriff
Swastika Hakenkreuz-Symbol, das in Tibet rechtsläufig für den Buddhismus (als Zeichen ewiger Schöpferkraft), linksläufig für die Bön-Religion steht (für Dauer und Kontinuität)
Tantra esoterische Geheimlehre mystisch-magischer und ritualischer Inhalte
Thangka religiöses Rollbild auf Stoff

Tibetische Mönche mit großen Trommeln und Becken im Kumbum-Kloster, Amdo.

Dzong Festung, Burg, als Verwaltungseinheit bezeichnet es auch den umliegenden Distrikt
Gelugpa die «Tugendhaften», von Tsongkhapa gegründete Schulrichtung des tibetischen Buddhismus, der auch der 14. Dalai Lama angehört
Gompa «einsamer Ort», Kloster
Inkarnation «Fleischwerdung», bezeichnet die Menschwerdung bzw. Materialisierung einer göttlichen Wesenheit oder Idee
Karma aus dem Handeln in Worten, Werken und Gedanken sich ergebende Gesetzlichkeit, die von vorigen Existenzen nach der Wiedergeburt weiter fort-

Kumbum-Chörten monumentaler Reliquienschrein, der Sakralräume mit «hunderttausend (Götter-) Bildnissen» *(kumbum)* enthält
Lama «der Obere», ursprünglich der gelehrte, die Heilslehre verkündende Meister, der Schüler initiiert; religiöser Führer, der gleich einem Buddha verehrt wird; fälschlicherweise oft für alle tibetischen Mönche angewandt
Latse Steinsetzung, oft mit Zweigen für Gebetsfahnen geschmückte Steinhaufen auf Pässen und Berggipfeln
Lokapala «Weltwächter», Bezeichnung für die vier über die Himmelsrichtungen wachenden Himmelskönige

Junge Klosterschüler genießen auf dem Kumbum-Klosterfest ihr Eis.

Torma kunstvoll verzierter Opferkuchen aus Butter und Gerstenmehl
Tsatsa Votivfigürchen aus Ton
Tulku Inkarnation einer Gottheit, eines Heiligen und berühmter Geistlicher; inkarnierter Mönch
Yogi gewöhnlich einsiedlerisch lebender Weiser, der einen hohen Grad von Erkenntnis erreicht hat

Maskentänze im Kumbum-Kloster in Amdo. Der Tänzer sieht nicht durch die Augen, sondern den Mund der Maske.

Nomadenfrauen aus Amdo bei einem großen Fest am See Koko Nor.

Das an den Salzseen des Changthang gewonnene Salz wird mit Hilfe von Yakkarawanen nach Süden transportiert.

Blick auf den Kailash vom Tal des La Chu, des »göttlichen Flusses«, aus.

ZUR SCHNELLEN ORIENTIERUNG – STICHWORTVERZEICHNIS

Kursive Seitenzahlen verweisen auf Abbildungen.

Tibeterin im Labrang-Kloster.

Tibetischer Grunzochse (Yak).

Alte Haustüren in Jongga, Kreis Kyirong.

Andreas Gruschke, geboren 1960, studierte Geographie, Ethnologie und Sinologie in Aachen, Freiburg und Peking. Zahlreiche Text- und Bildveröffentlichungen über Tibet, China und die Seidenstraße; seit 1987 als Studienreiseleiter regelmäßig in allen Regionen Tibets unterwegs. Im Verlag C. J. Bucher Textautor des Bandes »Das Dach der Welt« in der Reihe Begegnung mit dem Horizont. Lebt in Freiburg.

TEXTNACHWEIS

Blanche Christine Olschak: Die Heiterkeit der Seele, in: Andreas Gruschke: Die Weisheit der Tibeter, Stürz Verlag, Würzburg 1995: S. 1.
Ernst Schäfer: Über den Himalaya ins Land der Götter, Windpferd Verlagsgesellschaft, Durach 1989: S. 14.
Lama Anagarika Govinda: Der Weg der weißen Wolken, Scherz Verlag, Bern, München, Wien 1973: S. 30.
Alle Themen-Essays schrieb Andreas Gruschke.

BILDNACHWEIS

Bildarchiv Preußischer Kulturbesitz, Berlin: S. 29 o.

Bilderdienst Süddeutscher Verlag, München: S. 62 r.

Fondation Alexandra David-Néel, Digne-les-Bains: S. 29 l. und u.

Ullstein Bilderdienst, Berlin: S. 62 o., l. und u.

Die Abbildungen auf Seite 79 stammen aus dem Buch:
Rinjing Dorje: Die tolldreisten Geschichten des Onkel Tompa, Sphinx Verlag, Basel 1983.

Alle übrigen Abbildungen stammen von Andreas Gruschke.

Die Karten auf den Seiten 63, 74 und 75 zeichnete Astrid Fischer-Leitl, München.

Die meteorologischen Daten der Klimatabelle auf Seite 64 lieferte der Deutsche Wetterdienst, Seewetteramt Hamburg.

Alle Angaben dieses Bandes wurden vom Autor sorgfältig recherchiert
und vom Verlag auf Stimmigkeit und Aktualität geprüft.
Allerdings kann keine Haftung für die Richtigkeit der Informationen übernommen werden.
Für Hinweise und Anregungen sind wir jederzeit dankbar.
Zuschriften bitte an den Verlag C. J. Bucher, Lektorat, Goethestraße 43, 80336 München.

Wir danken allen Rechteinhabern und Verlagen für die Erlaubnis zu Nachdruck und Abbildung.
Trotz intensiver Bemühungen war es nicht möglich, alle Rechteinhaber zu ermitteln.
Wir bitten diese, sich an den Verlag zu wenden.

BEGEGNUNG MIT DEM HORIZONT · TIBET

Konzeption: Axel Schenck
Lektorat: Claudia Meßmer
Bildgestaltung: Joachim Hellmuth
Bilddokumentation: Ulrich Reißer
Graphische Gestaltung: Martina Lingler
Herstellung: Kristina Kaiser, Angelika Kerscher

Technische Produktion: Fotosatz Ressemann, Hochstadt;
Repro Lana, I-Lana; Westermann Druck, Zwickau

Printed and bound in Germany
ISBN 3 7658 1067 3